JN071212

5分でできる

学級経営に生きる

小さな道徳授業①

鈴木健二 編著

日本標準

はじめに

　ある若い教師（Sさん）が，「小さな道徳授業」の手応えを次のように報告してくれました。

　　① 短時間で実施できるのに，効果が大きい。

　　② 子どもたちが楽しんで，真剣に考えている。

　　③ テーマが学級でよい価値観として共有され，合い言葉にもなる。

　　④ よりよい人間関係の構築ができる。

　ここから「小さな道徳授業」を行う意味が見えてきます。

　それは，

　　| 学級経営を充実させるための大きな武器となる |

ということです。

　Sさんが特に手応えを感じたのは，「見て見ぬふりもいじめです」という「小さな道徳授業」です（本書 98 〜 99 ページ参照）。この授業を受けた 6 年生は，いじめだけでなく，身の回りのさまざまなことに対して「見て見ぬふりをしないようにしたい」と考え，行動に移したのです。

　なぜこのような効果が表れるのでしょうか。

　その要因として，次の 2 つが考えられます。

　　① 教師が感動した（いいなあと感じた）素材が活用されるので，授業が少々未熟でも子どもたちの心に響きやすい。

　　② 短時間なので，教師は何を子どもたちに印象づけたいか焦点化して授業を行うことになり，メッセージが明確に伝わる。

　だからこそ，「テーマが学級でよい価値観として共有され，合い言葉にもなる」のです。

　本書には，魅力的な「小さな道徳授業」プランを数多く掲載しました。まずはプラン通りにやってみましょう。今までにない手応えを感じることができるはずです。

　「小さな道徳授業」のよさを感じたら，自分で創ることにもチャレンジしてみましょう。いいなあと感じた素材を子どもたちの興味が高まるように提示して，発問を 1 つか 2 つすればよいのです。「小さな道徳授業」を創るおもしろさを実感することでしょう。

　学級経営を充実させるための武器として，「小さな道徳授業」を大いに活用してください。全国各地に素敵な学級が生まれることを願っています。

　なお，執筆にあたって，日本標準の大澤彰氏，郷田栄樹氏からさまざまなご示唆をいただきました。深く感謝申し上げます。

　2021 年 春

鈴木健二

目　次

この本の使い方と特長

授業を通して子どもにどんな力をつけさせたいか，ねらいを示しています。

学習指導要領の内容項目に対応しています。

小さな道徳授業の実践ページは，すべて見開き2ページ構成となっています。実践編(第2章～第8章)で計42本の授業実践を掲載しています。

実施学年は，めやすです。

小さな道徳授業の実施場面，活用場面を示しています。

授業の流れをわかりやすく図表にしました。

コラムページとの関連を示しています。

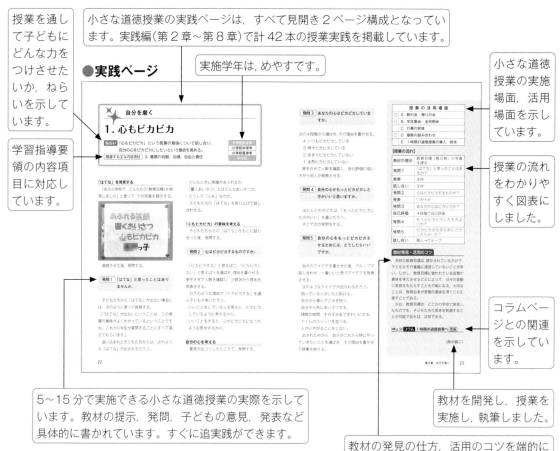

● 実践ページ

5～15分で実施できる小さな道徳授業の実際を示しています。教材の提示，発問，子どもの意見，発表など具体的に書かれています。すぐに追実践ができます。

教材を開発し，授業を実施し，執筆しました。

教材の発見の仕方，活用のコツを端的にまとめています。教材を見つけ出したり，授業を開発したりする際の参考にしてください。

● コラムページ

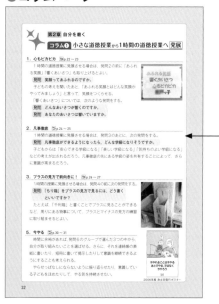

実践編(第2章～第8章)の各章の最後に，コラムを設定しています。
このコラムでは，実践ページに掲載した授業について，1時間の道徳授業へ発展させる案を示しています。追加教材の提示，発問の追加，活動の追加などを示しています。
参考にして実施してください。

第1章

小さな道徳授業のすすめ

鈴木健二

1. 「小さな道徳授業」づくりのコツ
2. 素材発見のコツ

小さな道徳授業案は，実践編第2章〜第8章に掲載しています。

1.「小さな道徳授業」づくりのコツ

1 「小さな道徳授業」とは

「小さな道徳授業」とは何でしょうか。それは,

5〜15分間でできる,ちょっとした道徳授業

のことです。

　子どもたちにぶつけてみたい素材を発見し,発問を2〜3つ考えれば「小さな道徳授業」は完成です。あっという間に完成させられる授業ですが,質を高めるために意識したいポイントがあります。それが次の2つです。

〈授業の質を高める2つのポイント〉
① 興味関心や問題意識を高める教材提示の工夫をする。
② 思考を刺激する発問を工夫する。

①「教材提示の工夫」について

　よい素材を発見して教材化しても,その教材に対する子どもたちの興味関心や問題意識を高めることができなければ,効果が弱くなってしまいます。興味関心や問題意識を高める教材提示の工夫をすることが,子どもの心に響く授業をつくる第一歩です。

②「発問の工夫」について

　教材に対する興味関心や問題意識を高めたら,思考を刺激する発問を工夫します。思考を刺激する発問とは,次のような発問です。

　・思わず考えたくなる発問
　・多様な考えを引き出す発問
　・意見の対立を生み出す発問

　わずか5〜15分間でできるちょっとした道徳授業ですが,上記の2つのポイントを意識してつくることによって,子どもの心を育てるために大きな効果を生み出します。

アドバイス

教師はついつい子どもたちが知っていることを問う発問をしがちです。子どもたちが真剣に考えたくなる発問を工夫しましょう。

2 「小さな道徳授業」の魅力

　こんな短い時間の道徳授業ですが,さまざまな魅力があります。

魅力1　教師が「いいなあ」と思った身近な素材を生かすことができる。

魅力2　年間指導計画などを気にしないで，気軽に実践できる。

魅力3　短い時間の道徳授業なのに，子どもの心が育つ。

魅力4　1時間の道徳授業と関連づけることによって，質の高い道徳授業を実現することができる。

魅力5　「小さな道徳授業」を積み重ねることによって，授業力が向上する。

魅力1について

身の回りには，「いいなあ」と思えるさまざまなモノ・コト・ヒトがたくさんあふれています。しかし，「いいなあ」と思っているだけでは，何の役にも立ちません。「小さな道徳授業」で活用することによって，教師の感動を子どもたちに伝えることができるようになります。

魅力2について

「小さな道徳授業」は，朝の会や帰りの会など，ちょっとした時間を使ってできるので，年間指導計画などを気にしないで気軽に実践することが可能です。

魅力3について

「小さな道徳授業」は，5〜15分間の短時間であるにもかかわらず，子どもの心が確実に育っていきます。それは，教師の感動した素材を子どもたちと共有できるからです。

魅力4について

「小さな道徳授業」は，1時間の道徳授業と関連づけて活用することも可能です。たとえば，次のような活用方法が考えられます。

・導入で活用して問題意識を高めた後に，メインの教材に出合わせる。

・メインの教材で授業した後，終末で活用することによって価値観を強化する。

このように活用することによって，1時間の道徳授業の質を高めることが可能となります。

魅力5について

「小さな道徳授業」の基本となる〈授業の質を高める2つのポイント〉は，各教科等の授業づくりの基本と共通しています。ですから，「小さな道徳授業」を積み重ねることは，授業づくりのトレーニングになり，授業力が向上していきます。

アドバイス

小さな道徳授業づくりを重ね，授業力をつけることによって1時間の道徳授業づくりも変わります。ぜひチャレンジしてみてください。

3 「小さな道徳授業」をつくる

「小さな道徳授業」をつくるには，どうしたらいいのでしょうか。
具体的な教材をもとに考えてみましょう。

右の写真を見てください。

ある教室に掲示されていた習字作品です。「進む勇気」という言葉がおもしろいと感じました。

気になったら，とりあえず写真を撮ります。後で撮っておけばよかったと後悔しても手遅れだからです。

言葉を見ているうちに，いろいろな考えが浮かんできます。

・「進む勇気」とはどんな勇気なのか。
・「進まない勇気」もあるのだろうか。
・ほかにはどんな勇気があるのだろうか。

このように考えているうちに，次のような「小さな道徳授業」が浮かんできます。

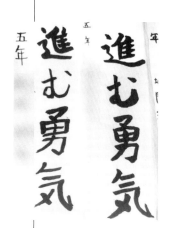

> ① 「進む」という言葉を隠して，習字作品を提示する。
> ② どんな言葉が入っているか考えさせた後，発問する。
>   発問1 「進む勇気」とはどんな勇気ですか。
> ③ 出された勇気を板書して発問する。
>   発問2 あなたは，どの「進む勇気」をもちたいですか。

このように，教師が「いいなあ」と思った素材をもとに，〈授業の質を高める2つのポイント〉（①教材提示の工夫，②発問の工夫）を意識してつくればいいのです。

⚠ アドバイス

写真や動画を撮る際に学校の管理者の許可を得るのは当然として，学校外でも撮影の許可を得るなど著作権や肖像権などに留意することが必要であることは言うまでもありません。

4 「小さな道徳授業」を活用する

「小さな道徳授業」は，教育活動のさまざまな場面で活用することができます。たとえば次のような場面です。

> ① 朝の会・帰りの会　② 学年集会　③ 全校朝会
> ④ 行事の前後　⑤ 複数の組み合わせ
> ⑥ 1時間の道徳授業の導入・終末

① 朝の会・帰りの会について

「小さな道徳授業」に取り組んでいる学校の多くは，週1回，朝の会や帰りの会に位置づけて，全校で実践しています。

毎週「小さな道徳授業」を行うのは大変だと思われるかもしれません。しかし，それほど難しいことではありません。

一人一人の教師が「小さな道徳授業」を2～3本ずつつくって，全職員で共有すればいいのです。そうすれば1年分くらい簡単に集まります。後は，学年の実態に合わせて少しアレンジすればいいのです。

② 学年集会　③ 全校朝会について

学年集会や全校朝会で教師の話が設定されている場合があります。

この教師の話で「小さな道徳授業」を実践するのです。

次のような効果が得られます。

・学年や全校の子どもたちの心を育てることができる。

・ほかの教師から「小さな道徳授業」に対する感想をもらうことによって，授業力向上につながる。

・多くの教師に「小さな道徳授業」への関心をもってもらえる。

学年集会や全校朝会で話をする機会があったら，ぜひ「小さな道徳授業」に挑戦してみましょう。

④ 行事の前後について

行事の前後に「小さな道徳授業」を行うことによって，行事の効果を高めることができます。

たとえば，運動会の前に，負けたとしても最後まで全力を出し切ることの大切さを伝える「小さな道徳授業」を行うのです。こうすることによって，運動会に向かう子どもたちの姿勢が大きく変わるはずです。

⑤ 複数の組み合わせについて

1つの教材で45分間集中させることが難しい低学年では，15分間くらいの「小さな道徳授業」を3つ組み合わせて行ってみてはどうでしょうか。

同じ内容項目を違う視点から考えさせることによって，学びを深めることが可能になります。

たとえば，「思いやり」をテーマにするのであれば，「やさしくする思いやり」「困っているときに助ける思いやり」「見守る思いやり」の3つの「小さな道徳授業」を取り上げ，「思いやり」についての学びを深めるのです。

⑥ 1時間の道徳授業の導入・終末について

1時間の道徳授業の導入で活用する場合には，「小さな道徳授業」で問題意識を高めた後，教科書教材に出合わせます。

たとえば，右の本の表紙を活用した「小さな道徳授業」で，人の気持ちがわかる人とわからない人のどちらがいいかを考えさせた後，これか

『人の気持ちがわかる人，わからない人』和気香子 著（クロスメディア・パブリッシング）

➡ P.92-93

この本の書名を教材とした小さな道徳授業案を掲載しています。

ら読む教材に出てくる人たちは，どちらの人でしょうかと問いかけて教科書教材に出合わせるのです。

　子どもたちは，「人の気持ちがわかる人か，わからない人か」という問題意識をもって読むことでしょう。

　以上述べてきたように，「小さな道徳授業」は，教育活動のさまざまな場面で活用できる可能性をもっているのです。

5　「小さな道徳授業」を5分で実施する

発問1つで勝負する

　「小さな道徳授業」は，短時間で実施できるのに，さまざまな効果が表れるのが大きな魅力です。

　最短だと5分で実施することも可能です。その際のポイントは，

> **発問1つで勝負する**

ということです（ここで言う発問とは「主発問」を指しています）。

　「小さな道徳授業」のプランを練っていると，発問がいくつも浮かぶようになってきます。しかし複数の発問で授業すると，5分では収まらなくなってしまいます。

　大まかに言うと，発問の数によって，授業時間は次のようになります。

　・発問1つ… 5分
　・発問2つ…10分
　・発問3つ…15分

> **興味をもたせる教材提示＋発問1つ**

　これが，「小さな道徳授業」を5分間で実施するコツです。

　子どもたちの反応がよいと，もう1つ発問してみたい，出された考えに対して切り返してみたい，という誘惑に駆られますが，5分で実施したいのであれば，グッと我慢しましょう。

朝の会と帰りの会を連動させる

　どうしても複数の発問でやりたい場合には，次のような工夫をすることも可能です。

・朝の会で「小さな道徳授業」前半（5分）…発問1

・帰りの会で「小さな道徳授業」後半（5分）…発問2

　朝の会で発問1をして，問題意識を高めたあと，帰りの会で発問2をして，1日考えたことをもとに思考を深めるのです。

張り紙を活用した「小さな道徳授業」

　右の張り紙は，ある中学校のランチルームで発見したものです。この素材を活用して，5分でできる「小さな道徳授業」を考えてみましょう。

──── 5分でできる「小さな道徳授業」（朝の会）────

① 何の張り紙か考える

　文字を隠して張り紙を提示する。

「ある中学校のランチルームに掲示されていた張り紙です。何を訴えかけているのでしょうか」

　数人に考えを聞いたあと，文字を提示する。

② 効果があるか話し合う

　発問　この張り紙は，効果があると思いますか。

　効果があると思えば○，効果がないと思えば×を書かせ，理由を考えさせる。となり同士で1分間話し合わせたあと，○派，×派から数人ずつ理由を発表させて授業を終える。

　帰りの会と連動させるなら，朝の会の「小さな道徳授業」の終わりに次のように言います。

　「私たちの学校にもこんな張り紙がありますか。発見したら効果があるかどうか考えてみましょう。帰りの会で発表してもらいます」

　このように仕掛けておくと，子どもたちは，学校の張り紙をあれこれ考えながら見ることでしょう。

　そして，帰りの会で次のような「小さな道徳授業」を行います。

──── 朝の会と連動させた「小さな道徳授業」（帰りの会）────

③ 張り紙の意味を検討する

　帰りの会で，発見した張り紙と効果があると思ったかどうかを数人に発表させたあと，発問する。

　発問　あまり効果があるとは思えない張り紙を，なぜ張っているのでしょうか。

となり同士で1分間話し合わせたあと，友達の考えから学んだことも生かして発表させて授業を終える。

5分でできる「小さな道徳授業」に挑戦してみましょう。

6 「小さな道徳授業」から1時間の道徳授業へ発展させる

「小さな道徳授業」をつくっているうちに，いつの間にか1時間の道徳授業へと発展していきます。いくつもの発問が浮かぶようになったり，ほかの教材との関連が見えてきたりするようになるからです。

1時間の道徳授業に発展させるときのポイントは，次の4つです。

> ① その教材ならではの「ねらい」を設定する
> ② 教材への興味関心や問題意識を高める
> ③ 思考を刺激する発問をつくる
> ④ 身近な問題として意識づける

一番難しいのは，その教材ならではの「ねらい」を設定することです（①）。自分で教材開発した授業ですから，その教材で何をとらえさせたいかを考えて「ねらい」を焦点化しましょう。学習指導要領に書いてあるような漠然とした「ねらい」では，授業もぼんやりしたものになってしまいます。

右の看板を活用した「小さな道徳授業」では，次のような「ねらい」を設定しています。

> **ねらい** 友達も自分も，大切さは同じであることに気づき，一人一人が大切にされる学級にしようとする意欲を高める。

このような「ねらい」を設定することが，その教材ならではの「ねらい」を設定するということです。

②と③は，「小さな道徳授業」づくりで積み重ねてきています。

1時間の道徳授業に発展させる場合には，思考を刺激する発問をできるだけ多くつくるようにします。1つの教材で少なくとも20くらいつくりましょう。その中から「ねらい」に合わせて，5〜6つの発問を選定すれば1時間の道徳授業にぐっと近づきます。授業の最後は，子どもに身近な問題として意識づける工夫をします（④）。こうして「小さな道徳授業」が1時間の道徳授業に発展していくのです。

→ P.100-101
この看板を教材とした小さな道徳授業案を掲載しています。

2. 素材発見のコツ

1　身近な素材に気づく ～教師の感動が大切～

教師の感動を大切にする

　「小さな道徳授業」をつくるためには，素材の発見が大切です。

　どうしたら素材を発見することができるのでしょうか。

　私たちの身の回りには，たくさんの素材があふれているのですが，気づかないで見逃していることが多いのです。

　見逃さないための一番のポイントは，

　教師の感動を大切にすること

です。

　日常のちょっとした感動を「いいなあ」と思うだけで終わらせてしまうと，その感動はあっという間に過ぎ去っていってしまいます。ですから，少しでも「いいなあ」と思ったら，「素材になるかもしれない」と考えましょう。

掲示板に目を向ける

　右のポスターは，大阪市の公共施設に掲示してあったポスターです。「"いのちのパスつなぐ"っていい言葉だなあ」と思って写真を撮りました。

　撮ったあと，よく見てみると「献血かっこいい！」という言葉があることに気がつきました。

　そうすると，「なぜ献血がかっこいいのだろう」「献血とかっこよさを，結びつけなければならない理由があるのだろうか」などという疑問も浮かんできたりします。

　ちょっとした感動から疑問が浮かび，それが「小さな道徳授業」につながっていくのです。

　掲示板の前を通りかかったときは，張られているモノに意識して目を向けてみましょう。

ⒸOSAKA EVESSA／Designed by Antenna Co. Ltd.
写真提供：大阪府赤十字血液センター

本の表紙にも感動がある

　本の表紙からも感動を発見することができます。毎日のように書店に

行きますが，日々出版される新刊をチェックしていると，表紙を見ているだけで「いいなあ」と思える本がいくつも発見できます。

右の本もそんな一冊です。

「どんな"ひと言"を加えるのだろう」

「"伝えた瞬間，相手の心にポッと火がともる！"なんて，どんな"ひと言"なんだろう」

表紙だけでいろいろな疑問が浮かび，読んでみたくなります。

そして，「そんな"ひと言"が加えられる学級になったらいいだろうなあ」などと考え始めます。

「いいなあ」と感動した本の表紙だけで「小さな道徳授業」ができそうに思えてきます。

『できる大人は「ひと言」加える』 松本秀男 著（青春出版社）

たまたま見かけた人に感動する

たまたま見かけた人にもちょっとした感動を覚えることがあります。

【写真1】は，富山県の小さな駅で撮った写真です。

駅の係の人が，電車を見送る時に深々とお辞儀をしていたのです。

そういう決まりになっているのか，この人が自分でやっているのかわかりませんが，この姿から，仕事に対する思いが伝わってきます。このような姿を「いいなあ」と思える感覚が大切なのです。

【写真1】

空き缶も素材に

【写真2】を見てください。あるバス停のそばに置いてあった空き缶です。この空き缶を置いたのは，この時バスに乗っていった老人でした。

「どうして平気でこんなことができるんだろう」と腹立たしい気持ちになりましたが，こんな思いも感動（心が動いたこと）の一つです。

この素材のように，感動には「いいなあ」と思ったものだけでなく，「えっ？」という驚きや腹立たしさなども含まれます。

【写真2】

2 身近な素材を収集する ～質より量が大切～

「質より量」で収集する

　よい素材を収集するには,

質より量が大切

です。最初からよい素材を発見しようと思っても, そう簡単にはいきません。まずは, 「少しでも気になったら, とりあえずゲットする」という気持ちが大切です。

　「いいなあ」「なるほど」「そうだったのか」「えっ?」「どういうことだろう」などというように心が少しでも動いたら, とりあえずゲットしておきましょう。そのときを見逃すと二度と手に入らない場合が多いからです。身近な素材を収集するにあたっては,

発見する視点を多くもっておくこと

も大切です。たとえば, 次のような視点です。

> 書籍, 絵本, 雑誌, 機内や車内の情報誌, 新聞記事, マンガ, チラシ, 張り紙, ポスター, パンフレット, テレビ, ラジオ, 映画, 自然, 学校内の子どもの姿, たまたま見かけた人など

　「感動を大切にする」という意識に加えて, 素材発見の視点を数多くもっておくと, 身の回りのさまざまなモノ・コト・ヒトが素材として目に飛び込んでくるようになります。以下, いくつか示してみましょう。

子どもの姿を見逃さない

　子どもたちは学校で素敵な姿をたくさん見せてくれます。
　【写真3】を見てください。掃除時間の子どもの姿です。自分の名札の安全ピンを使って, 階段の滑り止めの溝のごみまでとっています。「階段のすみずみまできれいにしたい」という思いが伝わってきます。

【写真3】

　この写真を提示するだけで, 多くの子どもたちは何かを感じることでしょう。

　たまたま廊下を通りかかったときに見かけた姿ですが, 「子どもの素敵な姿で道徳授業をつくりたい(子どもの姿も素材になる)」という意識があれば, こうしてゲットできるのです。

マンガの１コマも素材になる

マンガも素材になります。

マンガを活用する方法には，次の３つがあります。

> ① １話まるごと活用する
> ② 話の前後を補足したうえで，ある場面を活用する
> ③ １コマだけを活用する

「小さな道徳授業」をつくる場合には②か③の活用方法になるでしょう。

右に示したのは，マンガ『西郷どん！１』の１コマです。西郷隆盛の母が，隆盛に侍の心構えを言って聞かせる場面での言葉です。貧しいことを恥ずかしく思ったり，貧しい人を見下したりする人間の心に突き刺さる言葉です。言葉だけでなく，マンガの１コマとして提示することで視覚的な効果が加わり，子どもたちの心に強く響くことでしょう。

趣味で読んでいるマンガですが，「感動を大切にする」という意識が，このような場面を素材として浮かび上がらせてくれるのです。

『西郷どん！１』（KADOKAWA）
©日高建男，林真理子

3　素材収集・整理のコツ

素材を効果的・効率的に活用できるようにするには，

> 発見のコツ，収集のコツ，整理のコツを身につけること

が大切です。以下，それぞれのコツについて述べていきましょう。

発見のコツ

素材を発見するためには，「感動を大切にする」ということに加えて，

> 何でも素材になる

という意識をもつことです。このような意識をもつと，当たり前のように思えるものでも，素材に見えてくるようになるから不思議です。

右ページの【写真４】を見てください。ある駅のトイレに張ってあった張り紙です。何ということはない張り紙ですが，「何でも素材になる」という意識をもって見ると，「ちょっとした思いやり」という言葉が使えそうだなと思えてくるのです。

「ちょっとした思いやり」くらいなら自分でもやれるかも，と一歩踏み出す気持ちを高めてくれそうな気がしてくるからです。

【写真5】を見て何か気づくことがあるでしょうか。これはある小学校で出された茶菓子です。お菓子の横にさりげなく葉っぱが添えてあります。茶菓子を出してくださった方の心遣いです。こういうものも素材に見えてきます。

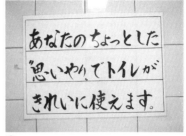

【写真4】

➡ P.78-79
この張り紙を教材とした小さな道徳授業案を掲載しています。

収集のコツ

質より量で素材を収集していくためには，収集するための道具が大切です。最も手軽に活用できるのはデジカメです。ですから，小型のデジカメをいつも持ち歩いています。携帯電話のカメラを活用する場合もありますが，デジカメの方が高性能です。

撮影するときのコツは，次の2つです。

① さまざまな角度から撮る　② 周辺情報を撮る

たとえば，【写真4】では，次のような写真を撮っています。
・トイレの入口（①）　　　・トイレの中の全景（①）
・張り紙のアップ写真（①）　・トイレのあった駅名（②）

【写真5】

これくらい撮っておくと，「小さな道徳授業」をつくるときに大いに役立ちます。たとえば，次のように授業を構成することができるのです。

1　駅名の写真を提示して「この駅で "あるモノ" を発見しました」と言います。「行ったことがある」という声が上がるかもしれません。
2　「それはここにありました」と言って，トイレの入口の写真を提示します。
3　子どもたちが「何だろう」と興味をもったところで，トイレの中の全景を提示します。子どもたちは "あるモノ" を発見しようと目を皿のようにして写真を見ることでしょう。
4　張り紙に気づいたところで，アップ写真を提示します。

このように写真を活用することによって，子どもたちは「小さな道徳授業」に引き込まれていくのです。

ちなみに【写真5】では，次のような写真を撮っています。
・茶菓子を出してくださった方の写真（もちろん了解を得ています）
・お茶と茶菓子が一緒に写った写真

「小さな道徳授業」をつくるときのことを想定して，できるだけ多くの写真を撮っておきましょう。

整理のコツ

　さまざまな素材が数多く集まってくると，整理する必要が出てきます。

　しかし，細かく整理したりはしません。できるだけシンプルに整理する方が長続きするからです。

　紙媒体のものは，Ａ４判のファイルに綴じていきますが，分類はしていません。時系列で綴じていくだけです。こうしておくだけで，必要な場合には意外と簡単に見つかります。

　数が多くなる写真や新聞記事などは，基本的に次のようにしています。

> 写　　真…時系列で写真用の素材フォルダに保存
> 新聞記事…スキャナーで読み込んで新聞用の素材フォルダに保存

　新聞記事やコラムなどをスキャナーで読み込んで素材フォルダに保存しているのは，検索が楽になるからです。

　このとき気をつけていることは，次の３点です。

> ① 日付を入れる　　② 題名を付ける　　③ 出典を入れる

春秋
2016.2.19

　ごみ箱に捨てられたたくさんのイチゴ。どれも先端の一部だけをかじっている。群馬県の農園がネットで公開した写真に驚いた。そんな食べ方をするイチゴ狩りの客が最近増えているそうだ。「たくさん食べられる部分のあるイチゴを捨てられてしまうのは本当に悲しい」。丹精込めた農家の人に失礼。そんな声が寄せられていた。もったいない。育てた人はショックだろう。▼イチゴのへたから「パンの耳」を連想した。昔はパン屋さんでただ同然で売っていて，金欠学生にはありがたかった。近頃はとんと見ない。多くは捨てられるそうだ。食品として売るなら衛生管理などの手間がかかり間尺に合わないとか▼まだ食べられる食品が大量に廃棄されている。年間500万～800万トン。日本人全員が毎日おにぎり１～２個を捨てている計算だ。子どもの６人に１人が「貧困状態」にあるにもかかわらず，食べ物の多くを輸入に頼っているにもかかわらず▼福岡県が，コンビニで売らなくなった消費期限前の弁当やパンをもらい受け，貧困世帯の子に食べてもらう事業を始める。豊かさと不思議に思う外国人もいるという。食べ物を作ってくれた人に感謝してから食べるのが日本の伝統のはず。立ち止まって考えたい。「いただきます」と手を合わせる姿を，不思議に思う外国人もいるという▼パンの耳も揚げたりフレンチトーストにしたりすると，結構いけるんだけど。

西日本新聞　2016年2月19日付

　これは，西日本新聞１面のコラムです。このコラムの場合には，次のようなファイル名を付けています。

> 160219　ごみ箱に捨てられたイチゴ（西日本新聞「春秋」2016年2月19日）

　ここまで詳しくファイル名を付けておくと，あとで検索するときに楽になります。日付でもキーワードでも新聞社名でも検索できるからです。また論文等に書くときに，引用元や日付を明確に記述できます。

第2章

自分を磨く

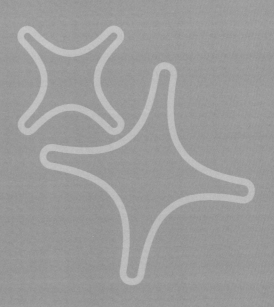

自分を磨く

1. 心もピカピカ

ねらい 「心もピカピカ」という言葉の意味について話し合い、
自分の心をピカピカにしたいという意欲を高める。

関連する主な内容項目 A 善悪の判断, 自律, 自由と責任

| 小学校低学年 |
| 小学校中学年 |
| 小学校高学年 |
| 中学校 |

「はてな」を発見する

「ある小学校で, こんなもの(教育目標)を発見しました」と言って, 下の写真を提示する。

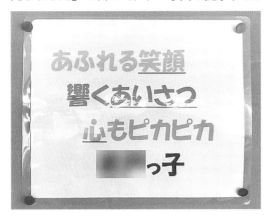

音読させた後, 発問する。

発問1 「はてな」と思ったことはありませんか。

子どもたちから「はてな」が出ない場合には, 次のように言って挑発する。

「『はてな』が出ないということは, この言葉の意味がよくわかっているということですね。これから先生が質問することにすべて答えてもらいます」

追い込まれた子どもたちからは, 次のような「はてな」が出されるだろう。

・どんなときに笑顔があふれるか。
・「響くあいさつ」とはどんなあいさつか。
・どうして「心も」なのか。

子どもたちの「はてな」を取り上げて話し合わせる。

「心もピカピカ」の意味を考える

子どもたちからの「はてな」をもとに話し合った後, 発問する。

発問2 心はピカピカするものですか。

「ピカピカする」と思えば〇,「ピカピカしない」と思えば×を選ばせ, 理由を書かせる。挙手させて人数を確認し, 少数派から理由を発表させる。

以下のような理由で「ピカピカする」を選ぶ子どもが多いだろう。

・いいことをしている人を見ると, ピカピカしているように見えるから。
・いいことをすると, 心がピカピカになったような気がするから。

自分の心を考える

意見が出つくしたところで, 発問する。

発問3 あなたの心はピカピカしていますか。

次の4段階から選ばせ，その理由を書かせる。
　4　いつもピカピカしている
　3　時々ピカピカしている
　2　あまりピカピカしていない
　1　全然ピカピカしていない
　挙手させて人数を確認し，自己評価の低い方から何人か発表させる。

発問4 自分の心がもっとピカピカした方がいいと思いますか。

　ほとんどの子どもは，「もっとピカピカした方がいい」を選ぶだろう。
　そこで次の発問をする。

発問5 自分の心をもっとピカピカさせるためには，どうしたらいいですか。

　自分のアイデアを書かせた後，グループで話し合わせ，一番いいと思うアイデアを発表させる。
　次のようなアイデアが出されるだろう。
・困っている人がいたら助ける。
・自分から進んでごみを拾う。
・自分から先にあいさつする。
・掃除の時間，すみずみまできれいにする。
・トイレのスリッパを並べる。
・人がいやがることをしない。
　出された中から，自分がこれから特にやっていきたいことを選ばせ，その理由を書かせて授業を終える。

授 業 の 活 用 場 面	
○	A　朝の会・帰りの会
○	B　学年集会・全校朝会
	C　行事の前後
○	D　複数の組み合わせ
	E　1時間の道徳授業の導入・終末

【授業の流れ】

教材の提示	教育目標（掲示物）の写真を提示
発問1	「はてな」と思ったことはあるか？
発表	全体
話し合い	全体
発問2	心はピカピカするものか？
発表	○か×か
発問3	あなたの心はピカピカか？
自己評価	4段階で自己評価
発問4	もっとピカピカした方がよいか？
発問5	ピカピカさせるためにどうしたらよいか？
話し合い	個人→グループ

教材発見・活用のコツ

　学校の教育目標は，掲示されているだけで，子どもたちの意識に浸透していないことが多い。しかし，教育目標に使われている言葉の意味を考えさせることによって，日々の活動に変容をもたらすことも可能になる。大切なことは，教師自身が言葉の意味を深くとらえ直すことである。
　なお，教育目標は，どこかの学校で発見したものでも，子どもたちの思考を刺激することが可能であれば，活用できる。

➡ p.32 **コラム** 1時間の道徳授業へ 発展

（鈴木健二）

自分を磨く

2. 凡事徹底

ねらい 当たり前のことをきちんとやって,「凡事徹底」を意識
して生活しようとする。

関連する主な内容項目 A 節度,節制

小学校低学年
小学校中学年
小学校高学年
中学校

「凡事徹底」の意味

授業開始と同時に,「凡事徹底」の言葉を
隠した写真(看板の部分のみ)を提示する。

発問の前に少し間をおいて,看板の情報に
目を向けさせるとよい。

発問1 どんな言葉が書いてあると思
いますか。

「当たり前のこと,やるべきことを当たり前
に行う」という言葉を手がかりにして,次の
ような言葉が出されるだろう。
・当たり前を大切に
・きちんとやろう
・手抜きをしない
・できていますか

考えが出つくしたところで,「凡事徹底」
の言葉を示す。

音読させた後,「当たり前のこと,やるべ
きことを当たり前に行う」ことが「凡事徹底」
の意味であることを説明する。

看板の意味は?

「この看板はアパートの建設現場にあったの
ですが,これを見て不思議に思ったことがあ
りました」と言って写真の全体像を提示し,
発問する。

発問2 建設現場は建設のプロの人た
ちが仕事をしています。どうし
てそんなところに,こんな大き
な看板が必要なのでしょうか。

自分でしばらく考えさせた後,となり同士
で意見を交流させる。

意見の交流が落ち着いたところで,もう一
度自分の考えを整理させて発言させる。

次のような考えが出されるだろう。
・当たり前のことを当たり前に行うことは意
　外と難しいから。
・建設のプロの人でも,当たり前のことだか

らと油断していると失敗したりするから。

・やるべきことをきちんとやらないと，よい仕事はできないから。

・「凡事徹底」を大切にしている会社だということを知ってもらうことが信頼につながるから。

学級に必要な「凡事徹底」

発問3 この学級に必要な「凡事徹底」は何でしょうか。

1人3つ以上書かせた後（付せん紙1枚に1つずつ書かせる），グループで発表させる（付せん紙をグループ用のミニホワイトボードに張っていく）。

グループごとに特に大切なことを3つにまとめさせて（グループ用のミニホワイトボードに書かせる），全体で発表させる。

次のようなことが出されるだろう。

・人がいやがることをしない。

・困っている人がいたら助ける。

・友達の意見をしっかり聞く。

・自分の仕事を最後までやりとげる。

・掃除をていねいに行う。

・きらいな食べ物も少しは食べる。

・見て見ぬふりをしない。

・苦手な教科も努力する。

・笑顔であいさつする。

・危険な行動をしない。

出された「凡事徹底」を音読させる。

出された中で，自分が一番意識してやっていきたいことは何かを考えさせて，授業を終える。

授 業 の 活 用 場 面	
○	A　朝の会・帰りの会
○	B　学年集会・全校朝会
	C　行事の前後
○	D　複数の組み合わせ
○	E　1時間の道徳授業の導入・終末

【授業の流れ】

教材の提示	建設現場の写真を提示
発問1	どんな言葉が書いてあると思うか？
教材の提示	「凡事徹底」の言葉を提示
発問2	どうしてこんな大きな看板が必要なのか？
話し合い	個人→ペア→全体
発問3	この学級に必要な「凡事徹底」は何か？
話し合い	個人→グループ→全体

教材発見・活用のコツ

通りかかった建設現場で発見した看板である。書かれている言葉も，特に目新しいものではない。驚いたのは看板の大きさだった。

プロの職人が仕事をしている現場に，なぜこんな大きな看板を掲げる必要があるのか。

それは，当たり前のことをきちんとやり続けることは，プロの職人にとっても簡単なことではないからだろう。

そこで，この看板を活用して，「凡事徹底」をしっかり意識することの大切さに気づかせるとともに，自分たちの学級に必要な「凡事徹底」について考えさせる授業を構想した。

この授業の後は，「凡事徹底」の看板とともに学級の「凡事徹底」を提示する。

「凡事徹底」を意識して行動している子どもを発見したら，「凡事徹底に取り組んでいるね」という声かけを行い，意識を持続させていく。

➡ p.32 コラム 1時間の道徳授業へ 発展

（鈴木健二）

3. プラスの見方で前向きに！

ねらい プラスとマイナスの見方があることに気づき，プラスの
見方で前向きに生活していこうとする意欲を高める。

| 小学校低学年 |
| 小学校中学年 |
| 小学校高学年 |
| 中学校 |

関連する主な内容項目 A 善悪の判断，自律，自由と責任

箱の名前は？

「夏休み，息子とある有名なお寺に行ったとき，ある箱に出合いました」と言って，写真の箱の名前（「護美箱」）を隠して提示する。

発問1 この箱は，何をする箱でしょうか。

と箱について考えさせる。

次のような言葉が出されるであろう。
・おさい銭箱
・お手紙入れ
・おみくじ
　実際に箱に書かれていた言葉「護美箱」を板書し，何と読むか考えさせ，「ごみばこ」であることを伝える。

行動が変わったのはなぜか？

発問2 「美しさを護る箱（護美箱）」と書いて，「ごみばこ」と呼ぶことを知った息子は，その後，どうしたでしょうか。

どうしたか予想を発言させる。
・ごみを拾った。
・どれくらいごみが捨ててあるか調べた。
・ごみ箱の数を数えた。
　予想を聞いた後，その後の息子の行動を以下のように伝える。
　「護美箱の言葉の意味を知った息子は，靴入れに使っていたビニール袋を片手に，ごみを拾い始めました。有名な観光地でもあるお寺にはたくさんの観光客の人たちがいましたが，その中で，ただ一人，ごみを拾い続ける小学生の姿は少しはずかしいぐらいでした」

ごみを拾う息子

発問3 なぜ，行動が変わったのでしょうか。

子どもたちに話し合わせる。
・ごみ箱の本当の意味を知ったから。
・ごみ箱の見方が変わったから。
・今までのごみ箱のイメージは何だかよくなかったけど，イメージがよくなったから。
などの考えが出される。

どちらの見方がよいか？

子どもたちの話し合いを受けて，下のように行動が変わったわけを整理する。

「モノの見方・考え方が変わると，行動が変わるんですね。そして，その見方・考え方には，プラスの見方とマイナスの見方があって，プラスの見方はプラスの行動に，マイナスの見方はマイナスの行動になっていくんですね」と話した後，以下のように発問する。

発問4 今日から2学期の始まりです。これからどちらの見方・考え方で生活していきたいですか。

プラスの見方・考え方で過ごしていきたいと考えている仲間が多数いることを確認して授業を終える。

授業の活用場面	
○	A　朝の会・帰りの会
○	B　学年集会・全校朝会
	C　行事の前後
○	D　複数の組み合わせ
	E　1時間の道徳授業の導入・終末

【授業の流れ】

教材の提示	お寺にあった箱の写真を提示（表示を隠す）
発問1	何をする箱か？
発表	全体
発問2	その後，どうしたか？
発表	全体
発問3	なぜ行動が変わったのか？
話し合い	全体
まとめる	行動が変わったわけを整理する
発問4	これからどうしたいか？
発表・確認	プラスの見方・考え方

教材発見・活用のコツ

夏休みの家族旅行で，福井県にある永平寺を訪れた際，柱に設置されていた箱に書かれてある言葉に目がとまった。

「美しさを護る箱」というごみ箱の言葉の意味を知り，目から鱗の思いであった。その後の息子の行動から「認識の変容が，行動の変容につながる」ことを再確認することができた。私自身の感動をそのまま授業化した。

私は，2学期の学級開きは，「夏休みの思い出」と題して，教師の思い出を紹介する中で，子どもたちに2学期の指針となるものを示したいと考えている。教師の夏休みの思い出を聞く子どもたちは，いつも興味津々である。旅の楽しみの一つに，「教材探し」も加えてみることをおすすめする。

→p.32 コラム 1時間の道徳授業へ 発展

（下石暢彦）

自分を磨く

4. 見られても大丈夫!?

ねらい 人から見られたら困るような行動をしないという気持ちを高める。

関連する主な内容項目 A 善悪の判断，自律，自由と責任

小学校低学年
小学校中学年
小学校高学年
中学校

公園のポスターで

　授業開始と同時に，「あなたの行動はいつも誰か見ています」という文を隠して張り紙を提示する。

　子どもたちは，「ごみ捨て禁止だ」「たばこ禁止だ」などの反応を示すだろう。
　そこで，次の発問を行う。

発問1 最後にどんな文章が入っているのでしょうか。

　意見がある子に発言させる。「街をきれいにしましょう」「絶対にやめましょう」などの意見が予想される。
　意見が落ち着いたら，隠していた部分を提示し，

　あなたの行動はいつも誰か見ています

という答えを示す。子どもたちは予想との違いに「えっ？」という反応を示すだろう。

誰が見ているの？

　子どもたちの様子を見ながら，次の発問をする。

発問2 本当に，「いつも」誰かに見られているのですか。

　見られていると思う人は○を，見られていないと思う人は×を選ばせて，理由を書かせる。次のような考えが出されるだろう。
【○を選んだ子ども】
　・神様が見ている。
　・自分は必ず見ている。
　・気づかないところで見られている。
【×を選んだ子ども】
　・見ている人がいたら怖い。
　×を選んだ子どもには，自分自身は必ず自分を見ていることを気づかせ，次の発問をする。

発問3 自分にだったら見られても怒られることはないから大丈夫ですね。

28

おそらく，次のような意見が出されるだろう。

・したらいけないことをしたら，自分が後悔する。

・困る人がいるから「怒られるからしない」では，いけない。

・神様が見ていたら，悪いことをした罰をあたえる気がする。

子どもたちの意見をもとに，「怒られるからしない」ではなく，自分自身が正しいと思った行動をきちんと行うことが大切であることに気づかせたい。

あなたの行動は大丈夫？

最後に，次の発問をする。

> [発問4] あなたの行動は，いつ誰に見られても大丈夫ですか。

次の３段階で評価させて，その理由を書かせる。

３ いつ見られても大丈夫

２ 見られたら困ることがある

１ 見られたら困る

子どもたちの中には，正直に「２」をつけ，「反省する場面がある」という子もいるであろう。その場合は，正直に言えたことを称賛し，「きっと次は大丈夫」という声かけをしていきたい。

学級通信などに，そのことを匿名で紹介すれば，正直に言うことの良さも伝えられるだろう。

また，「あなたの行動はいつも誰か見ています」という言葉を教室に掲示することで，自分を律する気持ちを持続させたい。

授 業 の 活 用 場 面	
○	A 朝の会・帰りの会
○	B 学年集会・全校朝会
	C 行事の前後
○	D 複数の組み合わせ
○	E １時間の道徳授業の導入・終末

【授業の流れ】

教材の提示	文章を隠した公園のポスター
発問１	どんな文章が入っているか？
文章の提示	「あなたの行動はいつも誰か見ています」
発問２	本当に，「いつも」誰かに見られているか？
話し合い	○か×か
発問３	自分にだったら見られても怒られることはないから大丈夫か？
話し合い	全体
発問４	あなたの行動は，いつ誰に見られても大丈夫？
自己評価	３段階で自己評価

教材発見・活用のコツ

息子が通っていた病院の近くの公園で見つけた張り紙である。息子の診察中に，暇そうにしていた娘たちを，公園に連れて行ったときに発見した。たまたま訪れたところに，おもしろい素材があることがある。少しでも引っかかったら，写真に残しておくことが大切である。

人間なら，つい誰かに見られたら困る行動をしてしまいそうになることがある。そんなときに「誰かに見られている」と考えることは，自分の行動を抑止する役目もあると考える。この素材から「誰かに見られているのは，悪いことだけなのか」ということを考えさせ，意見交換させても，おもしろいのではないだろうか。

（船木浩平）

自分を磨く

5. 今やる

ねらい 今やれることを,「あとでやろう」ではなく,「今やろう」
とする態度を育てる。

関連する主な内容項目 A 希望と勇気, 努力と強い意志
（中学は, 希望と勇気, 克己と強い意志）

小学校低学年
小学校中学年
小学校高学年
中学校

何しているところ？

　吹き出しの言葉と「今やれることは今やる
あとでやる, ではなく　今やろう」を隠して,
次のポスターを提示する。

2006年度 浄土宗発行ポスター

しばらく見せた後, 発問する。

発問1 何をしているところでしょう
か。

　出された発言を受け止め, 子どもたちの発
表意欲をほめる。その後, 犬の吹き出しの文
のみを提示する。そして男の子の吹き出しを
出し, 発問する。

発問2 男の子の◯（吹き出し）には何
という言葉が入るでしょうか。

　「あとで」という言葉であることを予想で
きる子どもが多いだろう。
　そこで,「今」の文字を隠してポスター下
部の文を提示して発問する。

発問3 □には何という言葉が入るで
しょうか。

　多くの子どもたちは「今」ということに気
づくだろう。そこで,「今」を提示して文を
音読する。

よさはどこか？

　音読させた後, 発問する。

発問4 やるということには変わりない
から, あとでもいいですよね。

　賛成なら◯, 反対なら×を選び, 理由を書
かせる。多くの子どもが×を選ぶだろう。次
のような考えが出されるだろう。
・あとに用事ができるかも。

・結局やらないかも。

・もやもやしそう。

・困る人がいるかもしれない。

・早くやればほめられる。

・早くすればすっきりする。

自分のことを考える

考えが出されたところで発問する。

発問5 今のあなたは「今やる」になっていますか。

次の4段階で自己評価させ，その理由を書かせる。

4 なっている　　3 まあまあなっている

2 あまりなっていない　1 なっていない

それぞれの理由を数人ずつ発表させる（名前を書いてあるマグネットシートを黒板に張らせると，どの段階を選んでいる子どもが多いか可視化できる）。そのときのクラスの状況によって変わるだろうが，1や2が多い場合には以下のような反応が出てくるだろう。

・つい，後回しにしてしまう。

・宿題より習い事や遊びが先になる。

・お手伝いよりゲーム優先になってしまう。

発表させた後，発問する。

発問6 あなたにできそうな「今やる」には，どのようなことがありますか。

自分の考えをまとめさせ，「グループで意見を交流し，いいものを3つ選びましょう」と言って交流させる。

最後に，各グループに発表させて授業を終える。

授 業 の 活 用 場 面	
○	A　朝の会・帰りの会
○	B　学年集会・全校朝会
○	C　行事の前後
○	D　複数の組み合わせ
	E　1時間の道徳授業の導入・終末

【授業の流れ】

教材の提示	言葉を隠したポスター
発問1	何をしているところか？
発問2	男の子の◯ に入る言葉は何か？
発問3	□に入る言葉は何か？
発問4	あとでやってもいいか？
話し合い	○か×か
発問5	「今やる」になっているか？
自己評価・発表	4段階で自己評価
発問6	自分にできそうな「今やる」は？
交流・発表	グループ→全体

教材発見・活用のコツ

インターネットで見つけた浄土宗のポスターである。

人は，ついつい「あとで」という気持ちになってしまいやすい。しかし，「今やる」ことですっきりしたり，意外に簡単に終わったりすることもある。「今やる」良さをクラスに浸透させたいと考え，授業を構成した。

各学校や各家庭でのきまりで「帰ったらすぐに家庭学習」などというものがある場合は，新年度当初に実施するとよりよい効果を生む。授業後に「今やるべきことをやっているね。すばらしい」など，プラスの言葉かけを続けていくとよい。

➡p.32 コラム 1時間の道徳授業へ 発展

（塩塚元啓）

第2章 自分を磨く

コラム① 小さな道徳授業から1時間の道徳授業へ 発展

1．心もピカピカ ⤵ p.22〜23

　1時間の道徳授業に発展させる場合は，発問2の前に「あふれる笑顔」「響くあいさつ」も取り上げるとよい。

発問 笑顔ってあふれるのですか。

　子どもの考えを聞いたあと，「あふれる笑顔とはどんな笑顔かやってみましょう」と言って，笑顔をつくらせる。

　「響くあいさつ」については，次のような発問をする。

発問 どんなあいさつが響くのですか。

発問 あなたのあいさつは響いていますか。

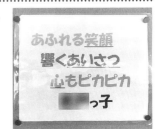

2．凡事徹底 ⤵ p.24〜25

　1時間の道徳授業に発展させる場合は，発問3のあとに，次の発問をする。

発問 凡事徹底ができるようになったら，どんな学級になりそうですか。

　子どもからは「安心できる学級になる」「楽しい学級になる」「気持ちのよい学級になる」などの考えが出されるだろう。凡事徹底の先にある学級の姿を共有することによって，さらに意識が高まるだろう。

3．プラスの見方で前向きに！ ⤵ p.26〜27

　1時間の授業に発展させる場合は，発問4の前に次の発問をする。

発問 「ちり箱」をプラスの見方で見るには，どう書くといいですか？

　たとえば，「千利箱」と書くことでプラスに見ることができるなど，周りにある物事について，プラスとマイナスの見方の練習に取り組ませるとよい。

5．今やる ⤵ p.30〜31

　時間に余裕があれば，発問6のグループで選んだ3つの中から，自分が取り組みたいことを選ばせる。さらに，それを連絡帳の表紙に書いたり，短冊に書いて掲示したりして意識を継続できるようにすることも考えられる。

　やらせっぱなしにならないように振り返らせたり，意識している子どもをほめたりして，やる気を持続させたい。

2006年度 浄土宗発行ポスター

第3章

働くことの大切さ

働くことの大切さ

1. はたらいて，笑おう

ねらい 笑顔になる働き方とはどのような働き方なのかに気づき，一生懸命働こうとする意欲を高める。

関連する主な内容項目 C 勤労，公共の精神
（中学は，社会参画，公共の精神・勤労）

小学校低学年
小学校中学年
小学校高学年
中学校

不思議な言葉

「不思議な言葉が書いてある広告を発見しました」と言って，次の広告を「はたらいて，笑おう。」の言葉を隠して提示する。

パーソルホールディングス　ブランド広告

「不思議な言葉とは，どんな言葉なのでしょうか」と問いかけて興味を高める。

まず「はたらいて」を提示して少し間をおき，さらに興味を高める。次に「笑おう」を提示して発問する。このように言葉を少しずつ提示することによって，子どもたちの集中力を高めていく。

発問1 この言葉はおかしくないですか。

おかしいと思ったら○，おかしくないと思ったら×を書かせる。○か×を書かせることによって，全員を授業に参加させるようにする。

どちらかに挙手させる。×派が多いだろう。少数派から理由を発言させる。

次のような考えが出されるだろう。

【○派】
・働いた後は疲れているはずだから，笑うのはおかしい。
・働くのは当たり前のことなので，いちいち笑う必要はない。

【×派】
・やっと仕事が終わって，ホッとしたら笑うのではないか。
・一生懸命働いて自分の仕事に満足したから，笑っているのではないか。

出された考え一つ一つを共感的に受け止めることによって，安心して発言できる雰囲気をつくる。

働いて笑うとき

×派の考えを受けて，発問する。

発問2 働いた後に笑うとしたら，ほかにどんなときが考えられますか。

次のような考えが出されるだろう。

・働いた後,「ありがとう」と言われたとき。

・働いたことによって,誰かが喜んでくれた
　とき。

・今までで一番いい働きができたとき。

　これらの考えを,次のように整理して板書
する。

自分の働き方を考える

　「働いたことによって,自分や相手にいい
ことがあると笑顔になるということですね」
と言って,発問する。

[発問3] あなたは「はたらいて,笑おう」
になっていますか。

　なっているかどうか,次の4段階から選ば
せ,理由を書かせる。

　4 なっている　　3 まあまあなっている

　2 あまりなっていない　1 なっていない

　挙手させて,学級全体の傾向をとらえた後,
4と3を選んだ子どもに何名か理由を発表さ
せる。

　次のような理由が出されるだろう。

・掃除のとき,すみずみまできれいになるよ
　うに拭いているので,すっきりしていい気
　持ちになるから。

・委員会で低学年のお世話をした後,「あり
　がとう」と笑顔で言ってくれるから。

　出された理由を意味づけ,今後の行動のモ
デルとしてとらえられるようにする。

　最後に「みんなが働いた後,どんな笑顔に
なっているか,楽しみです」と言って授業を
終える。

授業の活用場面

○	A	朝の会・帰りの会
○	B	学年集会・全校朝会
○	C	行事の前後
○	D	複数の組み合わせ
	E	1時間の道徳授業の導入・終末

【授業の流れ】

教材の提示	言葉を隠して広告を提示
発問1	この言葉はおかしくないか?
発表	○か×か
発問2	働いた後に笑うとしたら,ほかにどんなときか?
考えを整理	働いて笑う場面の共有
発問3	「はたらいて,笑おう」になっているか?
自己評価	4段階で自己評価

教材発見・活用のコツ

　子どもたちは,係活動,給食当番,掃除当
番,委員会活動など,さまざまな仕事を日々
行っている。しかし,それらの仕事と笑いを
結びつけて考えることはないだろう。働いた
後に笑えるのは,それなりの充実感を味わっ
ているときである。

　そこで,「はたらいて,笑おう。」という言
葉をもとに,どのように働くと充実感を感じ,
笑顔につながるのかを考えさせることによっ
て,働くことの意味に気づかせることができ
る。

　この授業の後は,機会あるごとに

　「○○さんは,掃除の後,とてもいい笑顔
をしていましたね」「△△さんが仕事を手伝っ
てくれたので,□□さんがとてもうれしそう
な顔をしていました」などと,「はたらいて,
笑おう」という言葉を継続的に意識させてい
くようにしたい。

➡ p.42 コラム 1時間の道徳授業へ 発展

（鈴木健二）

働くことの大切さ

2. 我が子のように育てる

ねらい 自分もいつか「我が子のように育てる」ような思いをもって仕事ができるようになりたいという意識を高める。

関連する主な内容項目 C 勤労，公共の精神（中学は，勤労）

小学校低学年
小学校中学年
小学校高学年
中学校

被災に耐えてスイカを出荷

「ある新聞で次のような写真を見つけました」と言って，写真の下半分を提示する。

子どもたちは「スイカだ！」「たくさんある！」「何個あるのかな？」「食べたい！」などと言いはじめるだろう。

写真提供：朝日新聞社（朝日デジタル 2016 年 6 月 8 日付）

そこで，全体を提示して発問する。

発問1 気づいたこと，考えたこと，「はてな」と思ったことは何ですか。

次のような考えが出されるだろう。

・スイカがたくさんある。
・何個あるのだろう。
・何をしているのかな。
・市場に出荷しているところかも。
・場所はどこかな。

出つくしたところで，「この写真にはこんな言葉がつけられていました」といって，次の見出しを提示する。

被災，耐えて益城スイカ出荷

見出しを見てもほとんどの子どもはわからないと思われるので，簡単に説明する。
「2016 年 4 月，熊本県で震度 7 の地震が発生し，熊本城も大きな被害を受けました。そのとき大きな被害を受けた地域の一つがスイカの産地である益城町で，6 月にようやくスイカの出荷が始まったときの様子の写真です。この日は 8 千個が出荷されたそうです」

農家の人の言葉は？

前出のスイカ出荷の写真の説明文を，農家の人の言葉（「　」内）を空欄にして提示し，発問する。

地震で大きな被害を受けた熊本県益城町で6月8日，22農家が約8千玉のスイカを選果場に持ち込んだ。熊本はスイカの生産量日本一。5月上旬まで散水管が壊れたままで「我が子に水を飲ませられないようでした」と話す農家も。　（朝日写真ニュース3407号）

発問2 農家の人は何と言ったのでしょうか。

　自分の予想を書かせて発表させる。
　ほとんどの子どもは，
・スイカが全滅してしまうのではと心配した。
・スイカが枯れて収入がなくなってしまうのではないかと不安だった。
など，スイカの収穫がへってしまうことに対する心配や不安について書くだろう。
　そこで，農家の人の言葉を知らせる。

発問3 この言葉を聞いてどんなことを感じましたか。

　自分で考えさせる時間を少しとった後，となり同士で交流させる。交流した考えもふまえて，もう一度自分の考えをまとめさせ，発表させる。
　次のような考えが出されるだろう。
・スイカを自分の子どものように感じているということを知って，それくらい大切に育てているのだということを感じた。
・農家の人たちの農作物に対する思いが伝わってきた。食べ物をもっと大切にしていきたい。
・自分の子どものように思って育てているから，おいしいスイカができるんだと感じた。

授 業 の 活 用 場 面	
○	A　朝の会・帰りの会
○	B　学年集会・全校朝会
	C　行事の前後
○	D　複数の組み合わせ
	E　1時間の道徳授業の導入・終末

【授業の流れ】

教材の提示	スイカ出荷の写真
発問1	気づいたこと，考えたこと，「はてな」と思ったことは何か？
教材の提示	見出しと記事
発問2	農家の人は何と言ったのか？
話し合い	全体
発問3	この言葉を聞いてどんなことを感じたか？
話し合い	ペア→全体

教材発見・活用のコツ

　たまたま訪れた小学校の掲示板に張ってあった朝日写真ニュースであるが，インパクトのあるスイカの写真と農家の人の言葉に惹かれて教材化した。
　私たちは普段当たり前のように果物や野菜を食べている。そのような立場からすれば，農家の人々は，仕事として淡々と農作物を作っているだけではないかと思いがちになる。しかし，ここで取り上げた「我が子に水を飲ませられないようでした」という言葉からどのような思いで農作物を作っているのかを感じ取ることができる。
　この授業をきっかけに，さまざまな仕事をしている人々が，どのような思いをもって働いているかについて関心を高めていきたい。キャリア教育と関連づけて，自分がなりたいと思っている職業に就いている人にインタビューさせる活動などにも発展できる。

➡ p.42 コラム 1時間の道徳授業へ 発展

（鈴木健二）

働くことの大切さ

3. 名前のない家事

ねらい ささいな家事の重要性を理解して，自分も周りの人のために地味な仕事に取り組もうとする意欲を高める。

小学校低学年
小学校中学年
小学校高学年
中学校

関連する主な内容項目 B 感謝

家事といえば？

　家事をしている３枚の写真を見せながら，それぞれ何という家事かを答えさせる。

　子どもからは，

・炊事　　　・洗濯　　　・掃除

などの意見が出てくるだろう。「どれも有名な家事の名前」という点を強調しておく。

名前のない家事があるか？

発問1 では，ちゃんとした名前がついていない家事というのがあるのでしょうか。

　「ある」と思う子には〇を，「ない」と思う子には×をプリントに書かせ，挙手させる。

　〇を付けた子どもに，「たとえばどんなものがあるか」と聞いていくつか例を出させる。

・トイレットペーパーを交換する

・洋服をたたむ

・ふとんを敷く

・ごみを拾う

　考えが出つくしたところで，「実はたくさんあるのです」と言って資料をスクリーンまたは大型テレビに提示する。

　これを見た子どもたちは「うちでもやってる」「これやったことある」などと騒ぎ出す。

名前のない家事は必要か？

発問2 こうした仕事は名前のない家事なので必要ないですよね。

　必要か，必要でないかをプリントに記入させ，どちらに賛成か挙手させる。多くの子は「必要」に挙手するだろう。その理由を発表させていく。

・だれかがやらないと家族が困るから。

・ないと生活できないから。

・やらないと部屋が汚れる。

・だれかがやると家族も気持ちがよくなる。

などの意見が出てくるだろう。

　こういう地味な仕事を家族のだれかがさりげなくやっているから，家族の生活がうまく

いっていることを確認する。

学級に名前のない仕事はあるか？

　子どもの意識を学級内に向けさせるために，次の発問をする。

　[発問3] 学級の中にも名前のない仕事がありますか。

　ここでは，給食当番や係活動の仕事以外の地味な仕事を想起させる。次のような学級内のささいな仕事がたくさん出てくる。

・ごみを拾う　　・ドアを閉める
・消し忘れの電気を消す　　・落し物を拾う
・乱れた机を並べる　・水道の蛇口を閉める
・外れた掲示物を留める
・はがれたテープをとめなおす
・落ちているぞうきんをかけ直す

　出てくる意見を全体に広げながら，「実にたくさんあるなあ」と教師自身も驚くとよい。

　これで，子どもたちもささいな仕事を意識するようになる。

自分事としてとらえさせる

　最後に，次のことを問う。

　[発問4] あなたは「名前のない仕事」をやっていますか。

　しばらく間を空けて，「次の4段階で評価してみましょう」と投げかける。
　4 やっている　　3 ときどきやっている
　2 あまりやっていない　1 やっていない
　挙手させて人数を確認する。評価の理由を発表させると，名前のない仕事をがんばっている友達の姿に気づく子も多いだろう。

授 業 の 活 用 場 面	
○	A　朝の会・帰りの会
○	B　学年集会・全校朝会
	C　行事の前後
○	D　複数の組み合わせ
○	E　1時間の道徳授業の導入・終末

【授業の流れ】

教材の提示	家事（炊事・洗濯・掃除）の提示
発問1	名前がついていない家事があるか？
発表	○か×か
資料の提示	名前のない家事を書いた資料
発問2	名前のない家事は必要ないか？
話し合い	全体
発問3	学級の中にも名前のない仕事があるか？
発表	全体
発問4	「名前のない仕事」をやっているか？
自己評価	4段階で自己評価

教材発見・活用のコツ

　NHKの番組「あさイチ」で紹介された内容をもとに作った授業である。

　「名前のない家事」という言葉にはっとさせられる。家事といえば「炊事・洗濯・掃除」という三大家事がぱっと浮かぶ。しかし，本当はそれ以外の小さく目だたない仕事をやる人がいて，家庭が回っていることを忘れてはいけない。「溜まったごみの処理」「トイレットペーパーやティッシュの補充」「くつ洗い」など，あげればきりがない。それは学校内の生活においても同じである。

　こういう何気ない仕事にスポットを当て，子どもたちの思考を揺さぶるのがねらいの授業プランである。

➡p.42 コラム 1時間の道徳授業へ 発展

（内山田博文）

働くことの大切さ

4. 小さな駅で

ねらい 働く女性のお客さんに対する思いに気づき，自分も誰かの
ために丁寧に仕事をしようとする気持ちを高める。

関連する主な内容項目 C 勤労，公共の精神（中学は，勤労）

小学校低学年
小学校中学年
小学校高学年
中学校

小さな駅で発見

「北陸を電車で旅行していたときに，ある
小さな駅に止まりました。電車の窓から何気
なく外を見ていると，一人の女性が駅の階段
の掃除をしている姿が目に留まりました」
と言って，【写真1】を提示する。

【写真1】

「この後，この女性は，思いもかけない行
動をとりました」

発問1 どんな行動だと思いますか。

次のような考えが出されるだろう。
・電車に手を振った。
・お客さんに笑顔で声をかけた。
　考えが出されたところで，【写真2】を提
示する。

【写真2】

「こちらに向かってお辞儀している」という
声が出るだろう。

　その声を受けて「この行動を見ていて，心
が温かくなりました」と言って，次の発問を
する。

発問2 どうして心が温かくなったの
でしょうか。

次のような考えが出されるだろう。
・とてもていねいにお辞儀をしているから。
・自分にお辞儀しているような感じがしたか
ら。
・自分が大切にされているような気がしたか
ら。

行動の意味は？

考えが出つくしたところで言う。

「ほとんどのお客さんは，この行動に気づいていないかもしれないし，気づいても何とも思わないかもしれません」

発問3 それなのに，どうしてこのような行動をし続けているのでしょうか。

自分の考えを書かせた後，ペアで交流させる。その後，もう一度自分の考えを整理させて発表させる。

次のような考えが出されるだろう。

・気づいてくれなくても，自分の思いを表すことで，仕事もていねいになるから。

・お客さんが電車に乗ってくれることによって，自分も仕事ができるから，感謝の気持ちを表している。

・楽しい旅をしてほしいという思いを伝えたいから。

自分を振り返る

「自分が学級や学校で担当している仕事を思い浮かべてみましょう」と言って，係や当番，委員会などの仕事を思い浮かべさせる。

「目をつぶりましょう」と言って発問する。

発問4 あなたは，これからどんな気持ちを込めて自分の仕事をしていきたいですか。

目をつぶらせたまま，1分間ほど考えさせ，余韻を残して授業を終える。

このように静かに終わることによって，授業での学びが，じんわりと心に染み入るようにしたい。

授業の活用場面

○	A	朝の会・帰りの会
○	B	学年集会・全校朝会
	C	行事の前後
○	D	複数の組み合わせ
	E	1時間の道徳授業の導入・終末

【授業の流れ】

教材の提示	後ろ姿の写真
発問1	どんな行動だと思うか？
教材の提示	お辞儀している写真
発問2	どうして心が温かくなったのか？
話し合い	全体
発問3	どうしてこのような行動をし続けているのか？
話し合い	ペア→全体
発問4	どんな気持ちを込めて自分の仕事をしていくか？

教材発見・活用のコツ

北陸を旅行していたときに，たまたま見かけた小さな駅で働いている女性の姿が素材になっている。

このような素材を発見するためには，さりげない行動の素晴らしさを感じ取る感性を磨くことが大切である。

おやっと思ったら，（了承を得て）とりあえず写真に撮っておく。小さな道徳授業のプランまでには発展しないとしても，「先生が見つけた素敵な人」ということでちょっと紹介するだけでも効果があるからである。

この授業の後は，子どもたちの働く姿をキャッチして，機会あるごとに「ていねいにやっているね」「見ていて気持ちいいよ」などと声をかけて，意識を持続させるようにしていきたい。ときには学級全体で取り上げることもよい。

→p.42 コラム 1時間の道徳授業へ 発展

（鈴木健二）

コラム❷ 小さな道徳授業から1時間の道徳授業へ 発展

1．はたらいて，笑おう ⊃p.34～35

　　1時間の道徳授業に発展させるとしたら，発問2を考えさせたあとに，働いている人の姿をいくつか提示して，次の発問をする。

　発問 この中で一番 "はたらいて，笑おう" になっていると思うのはどの人ですか。

　　なぜそのように感じたかを話し合わせることによって，「はたらいて，笑おう」のイメージを膨らませる。

2．我が子のように育てる ⊃p.36～37

　　1時間の道徳授業に発展させるとしたら，発問3のあとに次の発問をする。

　発問 ほかの農産物を育てている人たちも，同じ気持ちだと思いますか。

　　同じ気持ちだと思えば○，ちがうと思えば×を書かせる。ほとんどの子どもは○を選ぶだろう。○を選んだ理由を発表させることによって，農家の人の思いをより深くとらえさせたい。校区内に農家があれば，事前に話を聞いておいて，その思いを伝えるとよい。

写真提供：朝日新聞社

3．名前のない家事 ⊃p.38～39

　　1時間の道徳授業に発展させることもできる。

　　発問3のあとに，「学級内にある名前のない仕事に名前をつけるとどうなるでしょう」と問い，一つ一つにネーミングする。ネーミングした仕事は教室内に掲示するとよい。小さな仕事にも誇りをもって取り組もうとする気持ちを，さらに高めることができる。

4．小さな駅で ⊃p.40～41

　　1時間の道徳授業に発展させるとしたら，発問3のあとに次の発問をする。

　発問 この学級で，あの人の仕事はていねいだなと思う人がいますか。

　　しばらく考えさせて，何人かに発表させる。名前を挙げられた子どもに，どんな気持ちで仕事をしているか発表させる。教師も何人か見つけておいて紹介する（仕事ぶりが伝わる写真を撮っておくとよい）。このあと発問4につないで，自分の仕事に対する意識を高めていく。

第4章

粘り強く取り組む

粘り強く取り組む

1. ふだんを変える

ねらい 日々の積み重ねの大切さに気づかせ，自分にできることをこつこつやっていこうとする意欲を高める。

関連する主な内容項目 Ａ 希望と勇気，努力と強い意志
（中学は，希望と勇気，克己と強い意志）

小学校低学年
小学校中学年
小学校高学年
中学校

ふだんを変える

授業開始と同時に，「ふだん」の言葉の部分を隠したポスターを提示する。

画像提供：本田技研工業株式会社

発問1 ☐☐☐☐（空欄）には，どんな言葉が入ると思いますか。

次のような言葉が出されるだろう。
・生き方
・自分
・態度

・考え方
・言葉
・学び方

考えが出つくしたところで，「ふだん」の言葉を示し，音読させる。

「ふだん」の意味がピンとこない子どもがいる場合には，「毎日やること」「いつもやること」という意味であることを伝える。

どうして「いちばん」か？

意味が理解できたところで，発問する。

発問2 「ふだんを変える」ことが，どうして「いちばん人生を変える」ことになるのですか。

自分でしばらく考えさせた後，となり同士で意見を交流させる。

意見の交流が落ち着いたところで，もう一度自分の考えを整理させて発言させる。

次のような考えが出されるだろう。
・毎日何かを努力すれば，少しずつ力が伸びていくから。
・毎日の積み重ねが，いつか大きな力になるから。

・いつもやっていることを少しよい方向に変えることで，人生もよい方向に変わっていくから。

自分の「ふだん」の何を変えるか？

発問3　あなたは，自分の「ふだん」の何を変えますか。

「これならできそうだと思えることを3つ考えましょう」と言って書かせる。

机間指導をしながら，書きはじめた子どもの考えをいくつかピックアップして，悩んでいる子どものヒントにする。

グループで発表させた後，友達の意見を参考に，もう一度自分の考えを見直させる。

次のような考えをもつだろう。

・テレビを見る時間を1時間以内にする。
・毎日30分間読書する。
・家の手伝いを毎日3つする。
・自分から笑顔であいさつする。
・ていねいな掃除をする。

「ふだんを変える！」カードを配付して，自分が変えたい3つのことを書かせ，授業を終える。

ふだんを変える！

「ふだんを変えて，
　　　　　　　人生を変えよう！」

①

②

③

授 業 の 活 用 場 面	
○	A　朝の会・帰りの会
○	B　学年集会・全校朝会
	C　行事の前後
○	D　複数の組み合わせ
○	E　1時間の道徳授業の導入・終末

【授業の流れ】

教材の提示	「ふだん」を空欄にしたポスター
発問1	どんな言葉が入るか？
発表	全体
教材の提示	「ふだん」という言葉
発問2	「ふだんを変える」ことが，どうして「いちばん人生を変える」ことになるのか？
話し合い	ペア→全体
発問3	自分の「ふだん」の何を変えるか？
話し合い	グループ→全体
書く	カードに記入

教材発見・活用のコツ

この授業は，年度始めの目標を立てる時期や夏休み前，夏休み明け，新年の始まりなどに行うと効果的である。

「ふだんを変える！」カードは，教室に掲示して，折に触れて子どもたちに意識づけるようにしていく。

この授業を機に，ささやかな変容が見られる子どもがいたら，取り上げて紹介し，「ふだんを変える」行動が持続するようにしていく。定期的に振り返る機会を設定し，子どもの取り組み状況に合わせて，内容を発展させていくようにするとよい。

➡p.54 コラム 1時間の道徳授業へ 発展

（鈴木健二）

粘り強く取り組む

2. あきらめずに考え続ける

ねらい 一つのことを考え続けることが新たな発明を生み出すことに気づき，進んで追究しようとする気持ちを高める。

関連する主な内容項目 A 真理の探究（中学は，真理の探究，創造）

小学校低学年
小学校中学年
小学校高学年
中学校

普通のものさしとどこが違う？

次の写真を提示して問う。

発問1 実はこのものさしはこれまでにない発明品です。普通のものさしと，どこが違うのでしょうか。

次のような考えが出されるだろう。

資料

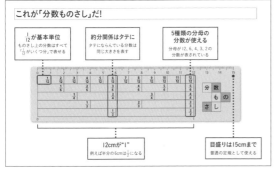

『プレジデント Family 2018 冬号』より
画像提供：プレジデント社

・何か分数が書き込んである。

・いくつもの線が引いてある。

資料を見せながら，「分数ものさし」であること，普通のものさしとの違いを，簡単に説明する。

「分数ものさし」の発明者は？

発問2 この「分数ものさし」は，誰が発明したのでしょうか。

次の選択肢から選ばせて挙手させる。

A 文房具会社のある社員

B あるお母さん

C ある小学生

挙手させた後，「正解はCの小学生です」と知らせ，発案者の山本賢一朗さんの写真を提示して説明する。

〔説明①〕

この子は静岡県の山本賢一朗さんです。この当時，小学5年生でした。分数の計算がわからない友達にどうやって説明すればわかってもらえるのか，悩んでいたそうです。

46

〔説明②〕

　わかりやすく分数の計算をする方法を毎日考え続け，5年生の夏休みをまるまる使って「分数ものさし」のことを自由研究にまとめたそうです。その後，縁あって大学の先生からもアドバイスを受け，「分数ものさし」の商品化が決まったそうです。

小学生でも発明できたのはなぜ？

　普通の子どもに見える山本さんが，自分のアイデアでまったく新しいものさしを開発したことを知り，子どもたちも驚くだろう。そこで発問する。

| 発問3 | 山本さんのような普通の小学生が，大人も考えつかないような「分数ものさし」を作り出せたのは，なぜだと思いますか。 |

　次のような考えが出されるだろう。

・大人にはわからない子どもの気持ちを知っていたから。
・一つのことをずっと考え続けていたから。
・絶対に問題を解決するぞという強い気持ちがあったから。

　最後に山本さんの次の言葉を紹介して授業を終える。

　常に頭のなかに，これってできないかな，というアイデアがいくつかあるんです。津波もそうですし。たとえば，ベクトルをうまく説明できないかとか，あとワープって本当にできないかな，とか……。そんなことを考えたり，工夫したりするのが好きなんですね。

『プレジデント Family 2018 冬号』より

授 業 の 活 用 場 面
○ A　朝の会・帰りの会
○ B　学年集会・全校朝会
C　行事の前後
○ D　複数の組み合わせ
○ E　1時間の道徳授業の導入・終末

【授業の流れ】

教材の提示	ものさしの写真
発問1	普通のものさしとどこが違うか？
発表	全体
教材の提示	「分数ものさし」の資料
発問2	「分数ものさし」を発明したのは誰か？
発表	ＡＢＣから選ぶ
説明①②	発明までの経緯
発問3	「分数ものさし」を作り出せたのはなぜか？
話し合い	全体
言葉を紹介	山本さんの言葉

教材発見・活用のコツ

　『プレジデント Family 2018 冬号』に掲載されていた記事の見出し「小5で『分数ものさし』を発明した浜松の天才少年」に惹かれた。

　「分数ものさし」の用途を知って「これはすごい発明だ」と思った。しかもそれを考えたのが小学5年生というから，二重の驚きであった。

　これを教材化しようとしたのは，小学5年生の偉業に素直に感動したからである。どうしてもこれを子どもに伝え，共感してほしいとの思いでつくった授業プランである。

→ p.54 コラム 1時間の道徳授業へ 発展

（内山田博文）

粘り強く取り組む

3. 征服すべきは何か？

ねらい 目標を達成するには，自分自身の弱い心に打ち勝つことが必要であることを知り，自分の生活に生かそうとする。

小学校低学年
小学校中学年
小学校高学年
中学校

関連する主な内容項目 A 希望と勇気，努力と強い意志
（中学は，希望と勇気，克己と強い意志）

エドモンド・ヒラリーについて知る

次の写真を提示して発問する。

写真提供：アフロ

発問1 この人は，世界で初めてあることに成功した人です。いったい何に成功した人でしょうか。

子どもの興味を高めつつ，自由に考えを発表させる。

意見が出つくしたところで説明する。

「この人は，ニュージーランド出身の登山家でエドモンド・ヒラリーという人です。

1953年に世界で初めてエベレストの登頂に成功した人です」

次の紙幣の写真を示してさらに説明する。

「エドモンド・ヒラリーの功績をたたえ，ニュージーランドの5ドル紙幣には，彼の肖像画が描かれているそうです」

写真提供：Alamy／アフロ

エドモンド・ヒラリーが残した言葉

エドモンド・ヒラリーの言葉を一部隠して子どもたちに提示する（事前に模造紙などに大書しておいてもよいし，黒板にチョークで板書してもよい）。

征服すべきは山の頂上ではなく
〔　　　　　〕だ

発問2 空欄に入る言葉は何だと思いますか。

「征服」の意味がわからない子もいると思われるので，「困難を克服して目的を達成すること」「乗り越えること」などと解説するとよい。

次のような考えが出されるだろう。

・山の中腹
・目の前の道

考えが出つくしたところで，子どもたちに空欄に入るのは，「自分自身」という言葉であることを示して発問する。

発問3 どういう意味でしょうか。

近くの子ども数名で話し合いをさせ，その後，考えを発表させる。次のような考えが出されるだろう。

・目標を達成するには，自分自身の心に勝つことが大切だ。
・自分の弱い心をコントロールすることが重要だ。

考えが出されたところで説明する。

「勉強でもスポーツでも目標を達成するためには，自分自身をうまくコントロールしてこつこつ努力することが大切なのですね」

言葉をどう生かすか？

発問4 エドモンド・ヒラリーの言葉をこれからの学校生活のどんな場面で生かせそうですか。

具体的な場面でどのように生かしていけそうかを書かせて，授業を終える。

授 業 の 活 用 場 面	
○	A 朝の会・帰りの会
○	B 学年集会・全校朝会
○	C 行事の前後
○	D 複数の組み合わせ
	E 1時間の道徳授業の導入・終末

【授業の流れ】

教材の提示	エドモンド・ヒラリーの写真
発問1	何に成功した人か？
発表	全体
説明と教材の提示	ニュージーランドの5ドル紙幣の写真
教材の提示	エドモンド・ヒラリーの言葉
発問2	空欄に入る言葉は何か？
発表	全体
発問3	どういう意味か？
話し合い	グループ
発問4	これからの学校生活のどんな場面で生かせそうか？
書く	自分の考え

教材発見・活用のコツ

ヤングジャンプコミックス『群青戦記8』（笠原真樹 作／集英社）の巻末おまけマンガでたまたま見つけた言葉である。

目標に向かってたゆまぬ努力を続けるためには，自分自身の心を上手にコントロールし続けることが肝要である。将来の夢に向かって，日々成長すべき子どもたちにぜひとも考えさせたい言葉だと思い，教材化を試みた。

授業後は，授業の様子を学級通信で家庭に知らせたり，この言葉を教室に掲示するなどして，「自分自身を征服できているか」を振り返らせることも効果的である。

➡ p.54 コラム 1時間の道徳授業へ 発展

（岩切博文）

粘り強く取り組む

4.「できる」「できない」は自分で決める

<table>
<tr><td rowspan="2">ねらい</td><td>難しいと感じても「できる」と思って挑戦しようとする</td><td>小学校低学年</td></tr>
<tr><td rowspan="3">意識を高める。</td><td>小学校中学年</td></tr>
<tr><td>小学校高学年</td></tr>
<tr><td>中学校</td></tr>
</table>

関連する主な内容項目　A 希望と勇気，努力と強い意志
（中学は，希望と勇気，克己と強い意志）

「できる」「できない」は誰が決める？

授業開始と同時に，「新聞でこんな言葉を発見しました」と言って，次の文を提示する。

> 「できる」「できない」は人が決めるのではなく，自分が決めるものです

音読させた後，発問する。

ことば巡礼

「できる」「できない」は人が決めるのではなく、自分が決めるものです

「一生折れない自信のつくり方」
青木 仁志

「できる」と思って実行すれば、「できない」と決めつけてトライしなければ、すべてはそこで終わってしまう。

だから、われわれに必要なものはチャレンジすることと、それを実行する力である。チャレンジ精神発揮の対象は「なりたい自分」の実現だ。

具体的には、どういう能力を身につけたいのか、どういう資格を

取りたいのか、どういう職業につきたいのか、どんな生活がしたいのか…というようなことを、どのようにして実現していくかということになる。

このとき重要なポイントは、すべては「あなた自身の思考」に左右されるということだ。

アチーブメント株式会社社長の青木仁志氏は、「人間は思考の生き物。人生は、その人の思考以上でも以下でもありません。

みずからに自信を持つことが、その人を前進させることにつながっていく。

行動の抑止へとつながるマイナスの思考は、このレールをみずから排除することなのだ。

（コラムニスト・秋庭道博）

宮崎日日新聞　2011年2月17日付

発問1　この考えに賛成ですか。

賛成であれば○，賛成できなければ×を選ばせて理由を書かせる。挙手で人数を確認した後，少数派から理由を発表させる。

【×派】

・自分で「できる」と決めても，そう簡単にはできないから。

・自分のことは自分ではよくわからないところもあるから。

【○派】

・自分がやりたいことを人に「できない」と決めつけられたくないから。

・「できる」と思った方ができそうな気がするから。

なぜ自分で決めるのか？

この言葉を紹介したコラムニストの秋庭さんは，記事の中で次のように言っています。

> 「できる」と思って実行すればできることでも，「できない」と決めつけてトライしなければ，すべてはそこで終わってしまう。

音読させた後，発問する。

	授業の活用場面
○	A 朝の会・帰りの会
○	B 学年集会・全校朝会
	C 行事の前後
○	D 複数の組み合わせ
	E １時間の道徳授業の導入・終末

発問2 「できる」と思って実行すれば「できる」のでしょうか。

「できる」と思えば○，「できるとは限らない」と思えば×を選ばせる。×が多いだろう。×の子どもに何人か理由を発表させる。
・「できる」と思ってやっても，「できない」ことがたくさんあるから。
・簡単には「できる」ようにはならないから。
・これまでもたくさん失敗してきているから。
　「できる」と思って実行しても，「できない」ことも多いことを確認して発問する。

発問3 「できない」と思ったらそこでやめた方がいいですね。

「やめた方がいい」か「やめない方がいい」かを選ばせて，理由を書かせる。「やめない方がいい」を選ぶ子どもが多いだろう。
・「できない」かもしれないけど，やめたら「できる」可能性はゼロになる。
・がんばれるところまで精一杯がんばった方が「できる」に近づける。

言葉を生かす

　考えが出つくしたところで，もう一度冒頭の言葉を音読させる。

発問4 これから，この言葉をどのように生かしていきたいですか。

　自分の考えを書かせた後，何人かに発表させて授業を終える。
（例）「苦しいときでも，自分には『できない』とあきらめないようにしたい」

【授業の流れ】

教材の提示	新聞コラムの言葉
発問１	この考えに賛成か？
発表	○か×か
言葉の提示	秋庭さんの言葉
発問２	「できる」と思って実行すれば「できる」のか？
話し合い	○か×か
発問３	「できない」と思ったらそこでやめた方がいいか？
話し合い	全体
発問４	この言葉をどのように生かしていきたいか？
話し合い	全体

教材発見・活用のコツ

　新聞のコラムで見つけた言葉である。
　誰かに言われた言葉で，自分には無理なのではないかと思ってしまう傾向は，誰にでもある。
　しかし，この言葉の意味を考えさせることで，自分自身が「できる」と思うことが最も大切であることに気づかせたい。中学生であれば，コラムを配付して読ませてもよい。
　エジソンの言葉や『スラムダンク』（井上雄彦 作／集英社）に登場する監督の言葉など，同じような言葉がいくつもあるので，ことあるごとにいろいろな言葉を提示して，意識を変えていくようにしたい。
　子どもたちに，同じようなことを言っている名言を発見させて紹介させる活動も，効果があるだろう。

（鈴木健二）

粘り強く取り組む

5. 努力の結晶を形にする

ねらい ぼろぼろになった問題集の秘密を知ることで，目標を
もって工夫や努力を継続しようとする心を育てる。

小学校低学年
小学校中学年
小学校高学年
中学校

関連する主な内容項目 A 希望と勇気，努力と強い意志
（中学は，希望と勇気，克己と強い意志）

「はてな」を発見する

授業開始と同時に次の写真を見せる。

画像提供：鈴木悠介

少し間をおいて発問する。この写真は，あ
る予備校（塾）の社会科担当の鈴木先生のク
ラスの生徒が使っていた問題集だそうです。

発問1 「はてな」と思ったことはあり
ませんか。

子どもたちのつぶやきを拾っていく。次の
ような考えが出されるだろう。
・ぼろぼろになっている。
・よく使っている。
・使い方が雑である。

問題集を使った子ども

考えが出された後，次の写真を見せて発問
する。

画像提供：鈴木悠介

鈴木先生は「もはや原形をとどめず，凄ま
じいオーラを放っている」と言っています。

発問2 鈴木先生は，この問題集を使っ
た子をどう思っているので
しょうか。

難しい問いなので，となり同士で予想を話

し合わせる。

問題集の秘密

　子どもの考えが出された後，問題集についての説明をする。

　「実は，この問題集は，大学入試のセンター試験の問題で 100 点をとった子が使っていたものです。表紙には地図が貼られ，あらゆるところにマーカーや付せんなどを使って，自分が覚えるための書き込みがしてあるこの問題集を見た多くの人は『もはや芸術品』『努力の結晶』『凄まじい』『尊敬する』といった感想を述べています」

　最後にこの問題集の【使用前】の写真と授業開始時に見せた【使用後】の写真を並べて見せて，感想を発表させる。

　【使用前】の写真と比較させることで，この使い込まれた問題集のもつ凄さがより，子どもたちに伝わりやすくなる。

【使用前】 　　　【使用後】

画像提供：鈴木悠介

　子どもたちは，その違いにかなりの衝撃を受けるだろう。これを使っていた人がどれだけこの問題集を使っていたか，改めて実感するはずである。

授 業 の 活 用 場 面	
○	A　朝の会・帰りの会
○	B　学年集会・全校朝会
	C　行事の前後
	D　複数の組み合わせ
○	E　1時間の道徳授業の導入・終末

【授業の流れ】

教材の提示	ぼろぼろになった問題集の写真
発問1	「はてな」と思ったことは何か？
話し合い	全体
発問2	塾の先生は，この問題集を使った子をどう思っているか？
話し合い	ペア→全体
説明	問題集の秘密
教材の提示	問題集の使用前と後の写真
発表	全体

教材発見・活用のコツ

　今回，私が利用したのは，BuzzFeed というサイトのニュースである。

＜センター試験の「世界史」で"満点"だった女子高生　「工夫と努力の天才」と称賛されるワケ＞　2018/01/17

https://www.buzzfeed.com/jp/kensukeseya/center-world-history

　ここで取り上げた自分の目標達成のための＜工夫と努力＞は，これから社会を生き抜いていくための大切なスキルの一つである。

　年間を通して「小さな道徳授業」で数回取り上げ，子どもたちの＜工夫と努力＞の意識を高めるとともに，実際に子どもたちに自分の目標を目に見える場所に掲示したり，定期的にふりかえる時間を設定したりする等の手立てがとても重要である。

➡ p.54 コラム 1 時間の道徳授業へ 発展

（倉爪浩二）

第4章 粘り強く取り組む

コラム❸ 小さな道徳授業から1時間の道徳授業へ 発展

1．ふだんを変える ⤴ p.44～45

　ふだんを変えることで人生を変えた人のエピソードなども，機会をとらえて紹介していくとよい。

　この授業の後半に，そのような人のエピソードを紹介する。そして，その人は，

「ふだんの何を変えたから，人生が変わったのか」

を考えさせると，1時間の授業に発展させられる。

画像提供：本田技研工業株式会社

2．あきらめずに考え続ける ⤴ p.46～47

　1時間の授業にするなら，次のような発問と活動を加えたい。

> **発問** あなたが「これから考え続けたいこと」「これまで考え続けてきたこと」は何ですか。

　身近な疑問の解決を考えている子ども，壮大なことを考えている子どももいるだろう。それぞれの個性として認めて，さらに「一つのことを考え続ける素晴らしさ」に触れる話をして終わる。

3．征服すべきは何か？ ⤴ p.48～49

　1時間の授業に発展させる場合には，発問4の後に，次の発問と活動をする。

> **発問** 自分自身を克服するためにできる具体的な行為を，3つ書きましょう。

　書き出した意見について，話し合い，交流させるとよい。

写真提供：アフロ

5．努力の結晶を形にする ⤴ p.52～53

　1時間の授業に発展させる場合は，以下の活動が考えられる。

① 発問：問題集のどこに＜努力の結晶＞が見えるか。

② 感想を発表させる。

③ 感想をお互いに見せ合い，コメントを書き合う。

④ 友達の努力しているところを紹介する。

⑤ これから自分が真似したい友達の努力する姿を短冊に書く。

画像提供：鈴木悠介

第**5**章

友達を大切にする

友達を大切にする

1. 親しき仲にも礼儀あり

ねらい 仲のよい友達同士でも礼儀があることに気づき，自分も
友達に対する言動に気をつけようとする意識を高める。

関連する主な内容項目 B 礼儀

小学校低学年
小学校中学年
小学校高学年
中学校

ことわざの意味は？

黒板に以下のように板書して問う。

親しき仲に　□□□□□　あり

発問1 空欄には，どんな言葉が入るで
しょうか。

高学年以上であれば，多くの子どもたちか
ら，すぐに「礼儀」という答えが返ってくる
だろう。

空欄に「礼儀」と書き，全員でこのことわ
ざを音読する。その後，発問する。

発問2 このことわざは，どういう意味
ですか。

これも子どもたちは，すぐに次のような考
えを出してくるだろう。

・家族などの親しい間柄でも，礼儀は大切で

ある。

・家族や友達などの親しい仲でも，守らない
といけない礼儀がある。

・親しい人だからといって，失礼なことを言っ
たりしたりしてはいけない。

・友達だからといって，自分のわがままを押
し通していると，相手から嫌がられること
になる。

これらの考えを受けて，次のように説明す
る。

「そうですね。"親しき仲にも礼儀あり"と
は，どんなに親密な間柄であっても，守るべ
き礼儀があるということですね」

学級の中で気をつけるべき礼儀とは？

「友達と親しくなってくると，"これくらい
はよいだろう"と思って，相手が嫌になるよ
うな言動をする人が出てくることがありま
す」と言って発問する。

発問3 親しい友達であっても「これは
よくないなあ」という言動が，
この教室にありますか。

あると思えば○，ないと思えば×を選ばせ

る。ほとんどの子どもは○を選ぶだろう。

　圧倒的に○が多いことを確認して，発問する。

発問4 「これはよくないなあ」という言動には，どんなものがありますか。

　まず，一人一人に３つ考えさせる。その後，となり同士で交流させ，自分の考えにつけ加えさせる。

　次のような考えが出されるだろう。

・友達に何かをしてもらっても「ありがとう」と言わない。
・友達から借りた文房具を投げるように返す（手荒に扱う）。
・友達から借りた文房具（テープのり）を全部使い切ってしまう。
・友達の筆箱の中身を勝手に見たりさわったりする。
・しつこくイタズラをする。
・自分の秘密（好きな人など）をおもしろがって他の人に言う。
・日直などの（本来自分がすべき）仕事を友達に押しつける。

　考えが出つくしたところで，次のように静かに語って授業を終える。

> 　自分がどんな言動をするかによって，相手の自分に対する言動も変わってきます。相手に対する最低限の礼儀を守っていくことが，よい友人関係をつくっていくことにつながっていきますね。
> 　「親しき仲にも礼儀あり」この言葉の意味をこれからも考えていきましょう。

授業の活用場面

○	A	朝の会・帰りの会
○	B	学年集会・全校朝会
	C	行事の前後
○	D	複数の組み合わせ
○	E	１時間の道徳授業の導入・終末

【授業の流れ】

教材の提示	親しき仲にも□□あり
発問1	空欄に入る言葉は何か？
発表	全体
発問2	このことわざの意味は何か？
発問3	親しい友達でも，よくない言動があるか？
発問4	よくない言動には，どんなものがあるか？
話し合い	ペア→全体

教材発見・活用のコツ

　子どもたちの中には，友達が冷たい態度をとると嘆いて傷つく子がいる。

　冷たい態度をとったといわれる子に話をよく聞いてみたら，傷ついた子が無断で自分の筆箱の中身をのぞいていたり，自分がその子に貸してあげた文房具を乱暴に扱ったりするような行為が我慢できずに冷たい態度をとった，というケースがあった。

　ある程度自分の行為を客観的に判断できる学年になっても，友達関係を「何でも許してもらえる」関係だと勘違いして，礼儀を欠く行為をとっている子もいる。この授業によって，自分が何の意識もせずに行っていた行為が，実は礼儀を欠く行為であったことに改めて気づかされた子も出てくるだろう。

　新しい学級がスタートして，１ヵ月以内などの早いうちに行うと，温かい学級づくりの観点から効果的である。

➡ p.76 **コラム** １時間の道徳授業へ 発展

（岩切博文）

友達を大切にする

2. すなおに言える?

ねらい	「ごめんなさい」などの言葉を「すなおに」言える大切さに気づかせ,「すなおに」言おうとする意識を高める。

関連する主な内容項目　B 礼儀

小学校低学年
小学校中学年
小学校高学年
中学校

空欄の言葉は?

「ある公民館に,こんな言葉が掲示されていました」と言って,次の写真を提示する(「すなおに」という言葉は空欄にしておく)。

発問1 空欄に入る言葉は何でしょうか。

次のような言葉が出されるだろう。

・元気に

・はっきり

・自分から

・誰にでも

出つくしたところで,「すなおに」であることを知らせる(素直の意味を確認する)。

どちらが言いにくい?

音読させた後,次の発問をする。

発問2 「ありがとう」と「ごめんなさい」は,どちらが「すなおに」言いにくい言葉ですか。

「すなおに」言いにくいと思う言葉を選ばせる。

「ごめんなさい」を選ぶ子が圧倒的に多いだろう。選んだ理由を書かせて発表させる。次のような理由が出されるだろう。

【「ごめんなさい」を選んだ理由】

・謝る言葉は,何となく言いにくいから。

・自分が何か悪いことをしたときに言う言葉なので,言いにくいから。

・自分の方が悪かったと認めなければいけないので,言いにくいから。

・悪かったと思っていても,簡単には言えないから。

【「ありがとう」を選んだ理由】

・何かしてもらっても,すぐに言うことは難しいから。

・「ありがとう」と言うべきなのに,気づかないことがあるから。

それぞれの理由を受け止めた後,次の発問をする。

授業の活用場面	
○	A　朝の会・帰りの会
○	B　学年集会・全校朝会
	C　行事の前後
○	D　複数の組み合わせ
○	E　1時間の道徳授業の導入・終末

発問3 この2つの言葉が「すなおに」言える学級と言えない学級はどちらがいいですか。

ほとんどの子どもは，言える学級がよいと答えるだろう。

何人かに理由を発表させる。次のような考えが出されるだろう。

・この2つの言葉が「すなおに」言える学級の方が気持ちいいから。

・この2つの言葉が「すなおに」言える学級だと安心できるから。

・「すなおに」言える学級の方が，友達との関係がよくなっていくから。

「すなおに」言えるとよい言葉は？

「すなおに」言える学級の方がいいことを確認した後，次の発問をする。

発問4 この2つの言葉以外にも「すなおに」言えるとよい言葉は何ですか。

個人でいくつか考えさせた後，グループで出し合わせる。

グループで出された言葉を発表させる。次のような言葉が出されるだろう。

・いいね　　　・なるほど

・さすが　　　・お先にどうぞ

・だいじょうぶ？　　　・がんばったね

・とてもよかったよ　　　・応援しているよ

・手伝おうか

これから自分が特に意識して使っていきたい言葉を考えさせて授業を終える。

【授業の流れ】

教材の提示	公民館の横断幕の写真
発問1	空欄に入る言葉は何か？
発表	全体
教材の提示	「すなおに」という言葉
発問2	「ありがとう」と「ごめんなさい」は，どちらが「すなおに」言いにくいか？
話し合い	言いにくい言葉で議論
発問3	「すなおに」言える学級と言えない学級は，どちらがいいか？
発表	全体
発問4	ほかに「すなおに」言えるとよい言葉は何か？
話し合い	グループ→全体

教材発見・活用のコツ

佐賀県唐津市の海辺にある小さな町で発見した標語である。

「ありがとう」「ごめんなさい」は当たり前の言葉であるが，「すなおに」という言葉を強く意識させることに意味があると考え，教材化した。

授業後は，「ありがとう」「ごめんなさい」に加えて，子どもたちから出された言葉を掲示し，日常的に意識できるようにしていきたい。さまざまな場面で，掲示された言葉を「すなおに」言えた子どもを称賛し，「すなおに」言えることの大切さを浸透させていくようにしたい。

（鈴木健二）

友達を大切にする

3. 顔を見て伝えよう

ねらい 顔を見て伝えてもらいたい気持ちにはどんなものがある
かを考え，気持ちは顔を見て伝えようという意識を高める。

関連する主な内容項目　C よりよい学校生活，集団生活の充実

小学校低学年
小学校中学年
小学校高学年
中学校

ポスターの言葉は？

「気持ち」の言葉を隠したポスターを提示
して発問する。

発問1 気づいたこと，考えたこと，「は
てな」と思ったことは何ですか。

「2018 人権啓発カレンダー」（部分）
提供：宮崎県人権啓発推進協議会

次のような考えが出されるだろう。
・女の子が二人いる。
・スマートフォンを投げている。
・二人とも笑顔になっている。
・仲直りした後に見える。

・何を伝えようとしているのかな。
　考えが出されたところで発問する。

発問2 空欄にはどんな言葉が入りそ
うですか。

次のような考えが出されるだろう。
・こころ　　　・お礼　　　・ごめんなさい
・ありがとう　　　・本当の気持ち
　出つくしたところで，「気持ち」が入るこ
とを知らせる。

相手の顔を見るよさは？

発問3 ポスターでは，携帯電話を手放
しているように見えますが，
メールの方が，「気持ち」を早
く相手に伝えられるからよい
のではないですか。

子どもたちから，次のような反対意見が出
されるだろう。
・メールだと，本当はどんな気持ちか伝わら
　ない。
・心のこもった言葉は，メールより顔を見て

言ってもらった方がうれしい。

・メールだと「気持ち」が相手にうまく伝わらない場合もある。

　この話し合いを通して，子どもたちは，相手の顔を見て「気持ち」を伝えるよさを改めて感じるだろう。

学級のきまりにしたいのは？

　顔を見て伝えるよさを確認したところで，発問する。

> **発問4** 友達に顔を見て伝えてほしいと思うのは，どんな気持ちですか。

　次のような考えが出されるだろう。
・ありがとうの気持ち
・ごめんなさいの気持ち
・仲直りしたいという気持ち
・応援したいという気持ち
・心配している気持ち
・一緒にがんばりたいという気持ち
　考えが出されたところで，発問する。

> **発問5** この中で，顔を見て伝えたいと思っていても，なかなか難しいと思うのはどれですか。

　「ごめんなさい」や「仲直り」がちょっと難しいという考えが出されるだろう。

　なぜそれが難しいかという理由も出させて学級全体で共有する。

　最後に「ここで出されたような気持ちが顔を見て伝えられるような学級になりたいと思いますか」と問いかけ，大多数の子どもがそう思っていることを確認して授業を終える。

授 業 の 活 用 場 面	
○	A　朝の会・帰りの会
○	B　学年集会・全校朝会
	C　行事の前後
○	D　複数の組み合わせ
	E　1時間の道徳授業の導入・終末

【授業の流れ】

教材の提示	「気持ち」を空欄にしたポスター
発問1	気づいたこと，考えたこと，「はてな」と思ったことは何か？
発表	全体
発問2	どんな言葉が入るか？
発表	全体
教材の提示	「気持ち」という言葉
発問3	メールの方が早く伝わるからよいのではないか？
話し合い	全体
発問4	顔を見て伝えてほしいのはどんな気持ちか？
発表	全体
発問5	なかなか難しいと思うのはどれか？
話し合い	全体

教材発見・活用のコツ

　教室に掲示してある，「2018人権啓発カレンダー」（宮崎県人権啓発推進協議会）にあった素材である。

　「相手の顔を見て伝えよう」は，小学校高学年以上であれば聞いたことのある言葉だと感じたが，それを実践している子どもは少ないだろうと思い，授業を構想した。

　発問4で出された子どもたちの気持ちは，「相手の顔を見て伝えよう」という題名を書いて掲示し，意識を持続できるようにしていく。

➡p.76 **コラム** 1時間の道徳授業へ **発展**

（船木浩平）

友達を大切にする

4. 応援される人に

ねらい 応援することの良さに気づき，互いに成長していくことのできる応援をしていきたいという気持ちを高める。

関連する主な内容項目 B 友情，信頼

| 小学校低学年 |
| 小学校中学年 |
| 小学校高学年 |
| 中学校 |

意外な言葉

授業開始と同時に，次の本の表紙を提示して，松田丈志さんが競泳の選手だったことなどを簡単に説明する。

『夢を喜びに変える 自超力』松田丈志・久世由美子 著（ディスカヴァー・トゥエンティワン）

その後，本の中の次の言葉を「応援される」を空欄にして提示する。

> 応援できる人は，応援される

発問1 空欄にはどんな言葉が入ると思いますか。

次のような考えが出されるだろう。

・優勝できる

・試合に勝てる

・強くなる

考えが出されたところで，「応援される」という言葉が空欄に入ることを知らせる。意外な言葉に驚く子どもが多いだろう。

応援の価値とは？

そこで，次の発問をする。

発問2 「応援できる人は，応援される」らしいですが，あなたは応援されたいですか。

応援されたいという子どもが多いだろうが，応援はいらないという子どももいるだろう。それぞれの理由を聞いて，次の説明をする。

「松田選手は，どちらかといえば応援はいらないと思っていたそうです。しかし，チームとして共に練習してきた選手が金メダルを獲得した後，疲れているのに仲間を応援している姿や応援してくれた仲間にていねいにお礼を言っている姿を見て，自分に足りない力だと感じ，その後，応援を大切にするようになっ

たそうです。応援することは，自分の力を伸ばすことにもつながると感じたようです」

どんな応援ならいいの？

応援の価値を改めて感じたところで，次の発問をする。

[発問3] 誰にでも「がんばれ〜」と応援していれば，たくさんの人から応援される人になれるのでしょうか。

少し挑発気味にたずねる。

おそらく，次のような反対意見が返ってくるであろう。

・心のこもった応援でないといけない。

・知っている人への応援でないといけない。

・知っているだけでなく，一緒に何かをがんばっている仲間の応援でないといけない。

「相手の成功を心から祈る応援」，「苦しい時を共に乗り越えた仲間の応援」をすることが，応援されることにつながるということに気づかせたい。

最後に次の発問をする。

[発問4] あなたは，授業中に友達から応援される応援ができていますか。

自分のノートに，できているなら○，まあまあできているなら△，あまりできていないなら×を書かせる。その理由も書かせて授業を終える。

子どもたちの考えを通信などで伝えて，「応援のできるクラス」になろうという意欲を高める。

授 業 の 活 用 場 面	
○	A　朝の会・帰りの会
○	B　学年集会・全校朝会
○	C　行事の前後
○	D　複数の組み合わせ
	E　1時間の道徳授業の導入・終末

【授業の流れ】

教材の提示	『自超力』の表紙
教材の提示	「応援される」を隠した言葉
発問1	空欄に入る言葉は何か？
発表	全体
発問2	あなたは，応援されたいか？
説明	松田さんの言葉
発問3	ただ応援すればよいのか？
発表	全体
発問4	応援される応援ができているか？
自己評価	3段階で自己評価

教材発見・活用のコツ

松田丈志氏の著書にあった言葉に感動し，子どもたちに伝えたいと思い，構想した。

「言葉とは『何を言うか』ではなく，『誰が言うか』に尽きる」と，イチロー氏が述べているように，どんな人の言葉なのかを知ることで，感動の大きさが変わってくる。

また，どんな応援をすれば，応援される人になれるのかということも考えさせたい。そして，「心のこもった応援」や「相手の成功を心から祈る応援」が応援されることにつながると気づかせたい。

授業後，「応援できる人は，応援される」という言葉を教室に掲示しておき，意識づけを図っていく。

→ p.76 コラム 1時間の道徳授業へ 発展

（船木浩平）

友達を大切にする

5.トルストイの言葉から考える

ねらい 他人の良さを素直に認められる人になろうとする意欲や態
度を育てる。学級の温かい人間関係づくりに生かす。

関連する主な内容項目 B 友情，信頼

小学校低学年
小学校中学年
小学校高学年
中学校

文豪トルストイとは？

次の写真を見せて説明する。

トルストイ

写真提供：アフロ

「この人は，トルストイというロシアの作家
です。今から約150年前にさまざまな文学
作品を書き，世界中に大きな影響を与え，人
気・実力ともにすぐれた大作家，文豪と言わ
れています」

高学年であれば，『イワンのばか』や『戦
争と平和』等の作品名を紹介する（実際の本
を提示してもよい）。

「トルストイは，こんなことを言っています」
と言って，以下の文を板書する。

人は善良であればあるほど（　①　）を
認める。

だが愚かで意地悪であればあるほど
（　②　）を探す。

子どもの実態に応じて，「善良」「愚か」「意
地悪」などの言葉の意味を教えて確認する。

空欄の言葉は？

発問1 ①と②には，どんな言葉が入る
と思いますか。

子どもたちにとって予想が難しいと思われ
るが，「認める」「探す」を手掛かりに，次の
ような意見が出されるかもしれない。

① 自分の過ち　② 言い訳

そこで，「ヒントを出します」と言って，
板書に言葉をつけ加える。

人は善良であればあるほど他人の
（　①　）を認める。
だが愚かで意地悪であればあるほど
他人の（　②　）を探す。

発問2 これだったらどうですか。

64

ヒントにより，正解か，それに近い答えが出されるだろう。考えが出されたところで言葉を板書する。

> ① 他人のよさ　② 他人の欠点

トルストイの言葉の意味は？

トルストイの言葉を音読させた後，発問する。

> 発問3 他人のよさを認められる人は，なぜ善良といえるのですか。

次のような考えが出されるだろう。
・友達に元気を与えられるから。
・友達の少々の失敗を許してあげられるような人だから。

考えが出されたところで目をつぶらせ，発問する。

> 発問4 あなたは，「他人の良さを認める」と「他人の欠点を探す」のどちらに近いと思いますか。

「心の中で静かに考えてみましょう」と言って少し間をおく。

最後に次のように語って授業を終える。
「心が広く優しい人は，友達のよいところを素直に認めようとします。しかし一方で，決して人を認めようとしないような人もいます。常に誰かの欠点を探し，何か見つけると喜んで他の人に広めようとする人です。先生は，トルストイに胸を張って自慢できるような○年○組をつくっていきたいなあと思っています」

授業 の 活 用 場 面	
○	A　朝の会・帰りの会
○	B　学年集会・全校朝会
	C　行事の前後
○	D　複数の組み合わせ
	E　1時間の道徳授業の導入・終末

【授業の流れ】

教材の提示	トルストイの写真
教材の提示	一部を空欄にしたトルストイの言葉
発問1	①と②にどんな言葉が入るか？
教材の提示	「他人の」というヒント
発問2	これだったらどうか？
教材の提示	トルストイの言葉
発問3	他人の良さを認められる人は，なぜ善良といえるか？
話し合い	全体
発問4	あなたは，「他人の良さを認める」と「他人の欠点を探す」のどちらに近いか？

教材発見・活用のコツ

子どもたちに認め合う関係の素晴らしさを伝えるのに，とてもよい絵本がある。『ええところ』（くすのきしげのり作，ふるしょうようこ絵：学研プラス）がそれである。この絵本を使った実践を構想した際，「相手を認める名言」というキーワードで検索して発見したのが，トルストイの言葉だった。

この授業は，学年の始まりに実施すると，子どもたちの意識に大きな影響を与えることができる。授業の前後に『ええところ』の読み聞かせを行うといっそう効果的である。

（岩切博文）

友達を大切にする

6. 元気な一声

ねらい 誰にでも自ら進んであいさつしたり，あいさつをされたら
気持ちよく返そうとしたりする気持ちを高める。

小学校低学年
小学校中学年
小学校高学年
中学校

関連する主な内容項目 B 礼儀

空欄の言葉は？

上記のポスターを提示する。このとき，「元気な一声」と吹き出しの言葉「おはよう」を隠しておく。そして吹き出しの部分を指しながら発問する。

発問1 空欄にはどんな言葉が入るでしょうか。

多くの子どもが「おはよう」という言葉が入ることを想像できるだろう。

よさはどこか

「おはよう」という言葉を提示し，発問する。

発問2 この2人の「おはよう」には，いいところがいくつありますか。

「いくつ」と問うことによって，子どもたちは多く見つけようとするだろう。

しばらく時間をとり，いくつ書けたか挙手をさせる。数の少ない子どもから指名して発表させる。

・あいさつを返している。

・目を見ている。

・男女であいさつをしている。

・笑顔で言っている。

などの意見が出されるだろう。

そこで，「実は，このポスターにはメッセージが書かれていました」と言って発問する。

発問3 どのようなメッセージでしょうか。

子どもたちのさまざまな考えを受け止めた後，「元気な一声」と提示する。

納得している様子の子どもがいたら，理由を発表させて，メッセージの理解を深める。

自分の学級を考える

ポスターへの理解が深まったところで発問する。

発問4 このクラスは，このようなあい
さつができていると思いますか。

　次の４段階から選択させ，理由を書かせる。
　４ できている　　　３ まあまあできている
　２ あまりできていない　１ できていない
　それぞれの理由を数人ずつに発表させる。
そのときのクラスの状況によって変わるだろ
うが，１や２が多い場合には以下のような反
応が出てくるだろう（名前を書いてあるマグ
ネットシートを黒板に張らせると，どの段階を
選んでいる子どもが多いか可視化できる）。
・同性にしかあいさつしていない。
・目を見ていない。
・友達にあいさつはしていない。
・笑顔になっていない。
　説明させた後，以下のように発問する。

発問5 １や２の人が多いクラスと少な
いクラスはどちらがいいですか。

　多くの子どもは１や２が少ない方がよいと
答えるだろう。

発問6 ３や４の人が多い学級にする
には，どうしたらよいですか。

　自分の考えをまとめさせ，発表させる。難
しいようであればグループで考えさせること
もできる。
・自分からしようと決める。
・あいさつゲームのような気持ちです。
　どの意見も称賛しつつ，「あいさつが増え
そうで楽しみです」と言って授業を終える。
　その日の下校や次の日の朝に観察して，で
きている子どもをほめて伸ばしていきたい。

授 業 の 活 用 場 面	
○	A　朝の会・帰りの会
○	B　学年集会・全校朝会
	C　行事の前後
○	D　複数の組み合わせ
○	E　１時間の道徳授業の導入・終末

【授業の流れ】

教材の提示	空欄にしたポスター
発問１	どんな言葉が入るか？
発問２	２人のいいところはいくつか？
発表	数の少ない子どもから指名
発問３	どのようなメッセージか？
発問４	このクラスはできているか？
話し合い	４段階で選択
発問５	どちらがいいか？
発問６	元気な一声を増やすには？
話し合い	個人またはグループ

教材発見・活用のコツ

　ここで取り上げた素材は，ある小学校の子
どもが書いたポスターである。「おはよう」「お
はよう」と言葉を交わしているシンプルなポ
スターであるが，理想的なコミュニケーショ
ンの要素をたくさん含んでいる。
　そのよさを子どもたちと共に味わい，クラ
スに浸透させ，元気なあいさつのあふれる学
級や学校にしていきたいと考え，構成した授
業プランである。
　あいさつは，人間関係を豊かにするきっか
けにもなる。学校全体で元気なあいさつに取
り組んでいたり，明るいクラスづくりに向け
てあいさつの指導をしたりする学級も多い。
新年度当初や長期休暇明けの新学期に実施す
ると，よりよい効果を生むだろう。

➡ p.76 <div style="border:1px solid">コラム</div> １時間の道徳授業へ <div style="border:1px solid">発展</div>

（塩塚元啓）

友達を大切にする

7. 人を気持ちよくさせる方法

ねらい 自分から挨拶することは，みんなとよい関係を築く最も簡単で大切な方法であることに気づく。

関連する主な内容項目　B　礼儀

小学校低学年
小学校中学年
小学校高学年
中学校

人を気持ちよくさせる方法とは？

　ある人の次の言葉（「挨拶」の部分を隠しておく）を見せる。

> 人を気持ちよくさせる方法はたくさんあります。挨拶は，その中の一つです。

　少し間をおいて一斉読みをさせた後，発問する。

発問1 人を気持ちよくさせる方法には，どんな方法があると思いますか。

　子どもたちのつぶやきを板書していく。次のような考えが出されるだろう。
・相手をほめる。
・目が合ったら，にっこりする。
・相手をはげます。
・相手に声をかける。
　意見が出つくしたところで発問する。

発問2 ある人は，ここ（隠している挨拶の部分）にどんな言葉を書いていたでしょうか。

　子どもたちに考えを言わせた後，「挨拶」という漢字が入ること，「あいさつ」と読むことを説明する。

「挨拶」のよさとは？

発問3 「挨拶は，その中の一つです」と書いたのは，なぜなのでしょうか。

　となり同士で1分程度話し合わせる。
　数人を指名して，発表させる。
　以下のような予想が出されるだろう。
・挨拶ができていない若者が多いから。
・簡単で大切だとわかっているのに，ふだん忘れがちになるから。
・みんなが自分から挨拶をするようになれば，みんなが気持ちよくなり，幸せな社会が築けるから。

「挨拶」という言葉の意味

次の「挨拶」という漢字の意味を板書する。

挨く…（相手に心を）ひらく
拶る…（相手の心に）せまる

板書した言葉を一斉読みさせて，問う。

発問4 この「挨拶」の言葉の意味を見て，どう思いましたか。

となり同士で感想を話し合わせる。

以下のような考えが出されるだろう。

・挨拶は，自分の声が相手に届くだけでよいと思っていた。

・相手の心にせまるような意味があるとはびっくりした。

・自分から大きな声で挨拶をすると，挨拶の言葉の本当の意味に近い挨拶になると思う。

最後に自分自身の挨拶を振り返らせるための発問5を行い，授業を終える。

発問5 あなたは「挨拶」の言葉の意味のとおりの挨拶ができていますか。

自分のノートに，できている人は〇，ときどきできている人は△，あまりできていない人は×を書かせる。その理由を短く書かせる。

子どもたちのノートを集め，子どもたちの自分の挨拶に対する意識や振り返りを把握するとよい。

次の日の朝の会等で，子どもたちのノートの中から数人の記述を紹介する。

ときどき，挨拶の言葉の意味を意識しながら朝の挨拶ができたかを問い，挨拶への意識を高める。

授業の活用場面

〇	A	朝の会・帰りの会
〇	B	学年集会・全校朝会
	C	行事の前後
〇	D	複数の組み合わせ
〇	E	1時間の道徳授業の導入・終末

【授業の流れ】

教材の提示	「挨拶」についての言葉
発問1	人を気持ちよくさせるにはどんな方法があるか？
発表	全体
発問2	ある人は，どんな言葉を書いていたか？
発表	全体
発問3	そう書いたのはなぜか？
教材の提示	「挨拶」の言葉の意味
発問4	言葉の意味をどう思ったか？
話し合い	ペア→全体
発問5	言葉の意味のとおりの挨拶ができているか？
自己評価	〇か×か

教材発見・活用のコツ

1時間の授業に発展させる場合は，クラスの実態に合わせて，以下のような発問を付加するとよい。

〇発問　このクラスの中で，相手の心を開き，相手に届くような挨拶を心がけている人は誰だと思うか。どこでそう思ったか。

〇発問　あなたは，自分の心を開き，自分に届くような挨拶をしてもらったことがあるか。

〇発問　このクラスの挨拶は100点満点の何点か。自分は何点か。その理由は何か。

〇発問　これから，どんな挨拶を心がけたいか。そのためにどんな工夫をしたいか。

〇発問　挨拶で一番大事なのは，声か，表情か，それ以外か。

(倉爪浩二)

友達を大切にする

8. 相手が一番

ねらい 「相手が一番」「自分が二番」と，相手のことを考えて行動
しようという気持ちを高める。

関連する主な内容項目 B 親切，思いやり

| 小学校低学年 |
| 小学校中学年 |
| 小学校高学年 |
| 中学校 |

インパクトのある写真

授業の最初に，ものまねなどで知られているタレントのコロッケさんの写真を提示する。

写真提供：ファインステージ

「見たことある」「知っている」などの反応があるだろう。

「名前を知っている人はいますか?」「コロッケさんが，どんな人か知っていますか?」などと問いかければ，「芸能人」「モノマネがうまい」など，コロッケさんについて，説明してくれる子どもがいるだろう。

コロッケさんの言葉の意味

写真で関心を高めたところで，

「コロッケさんがある学校で講演会をしたときの様子が，新聞記事にありました（ベルマーク新聞　第446号）」と言って，次の発問をする。

発問1 コロッケさんは，講演会で，どんなことを子どもたちに伝えたと思いますか。

・みんなを笑わせるワザ
・モノマネがうまくなる方法
・人気者になる方法

考えが出されたところで，「コロッケさんが伝えたのは，こんな言葉です」と言って，次の言葉を提示する。

相手が一番，自分が二番

音読させた後，次のように話す。

「コロッケさんは，"いつも相手のことを考えて動いてほしい"ということを伝えたかったそうです」。少し間をおいて，発問する。

発問2 いつも「自分が一番」と考えて行動した方がいいと思いませんか。

自分の考えをまとめさせ，となり同士で交流させた後，発表させる。

・自分が一番だと，自分勝手な人ばかりになるからいけない。

・「相手が一番」と考えると，みんなが優しくしてくれる。

・自分のことより，相手のことを考える人が増えた方がいい。

「相手が一番，自分が二番」と考えることのよさに気づいている考えを受け止め，みんながこのように考えるようになれば，さらにこの学級が居心地のよいものになることに気づかせていく。

自分は実行できるか？

最後に，次の発問をする。

> 発問3　あなたの周りに「相手が一番　自分が二番」ができている人がいますか。

考えを書かせて，発表させる。

・何かをするときに同時になったら，「お先にどうぞ」と言ってくれる友達がいる。

・目が合うと，いつもにっこりしてくれる友達がいる。

・家でごはんを食べるとき，お母さんは，自分の分を一番最後にとるようにしている。

それぞれの考えを共感的に受け止め，素敵な行為であることを伝える。

授業の後は，コロッケさんの言葉を教室に掲示し，意識が持続するようにする。

また，「相手が一番」ができている子どもを学級通信などで紹介し，自分もがんばろうという意識を高めていく。

授 業 の 活 用 場 面	
○	A　朝の会・帰りの会
○	B　学年集会・全校朝会
	C　行事の前後
○	D　複数の組み合わせ
	E　1時間の道徳授業の導入・終末

【授業の流れ】

教材の提示	コロッケさんの写真
話し合い	全体
発問1	コロッケさんが子どもたちに伝えたことは何か？
教材の提示	コロッケさんの言葉
発問2	「自分が一番」と考えた方がいいのではないか？
話し合い	ペア→全体
発問3	周りに「相手が一番」ができている人がいるか？
話し合い	全体

教材発見・活用のコツ

ベルマーク新聞の中にあった素材である。

「友達に優しく」「思いやりをもって過ごしましょう」という言葉は，子どもたちも何度も言われていると思われるが，簡単にできることではない。そこで「相手が一番　自分が二番」という言葉をしっかり刻み込むような授業にしたい。

1時間の道徳授業にするなら，具体的に「自分が一番」になってしまう場面を想起させたい。次のような授業展開が考えられる。

発問2の後に，次の発問と指示をする。

○発問　学校の中で「自分が一番」になってしまったらいけない場面がありますか。

○指示　ペアで「自分が一番」になっている場面を再現しましょう。

このような活動をさせた後に発問3をすれば，自分の行動をより具体的に考えることのできる子どもが増えるであろう。

（船木浩平）

9. うなずくと小さな花が咲く

ねらい 「なるほど」「そうか」とうなずきながら人の話を聞こうという気持ちを高める。

関連する主な内容項目 B 相互理解，寛容

寺の掲示板で発見

授業開始と同時に「この写真は，この前，お寺に行ったときに見つけたものです」と言って，次の写真を示す（「小さな花が咲くようである」は空欄にする）。

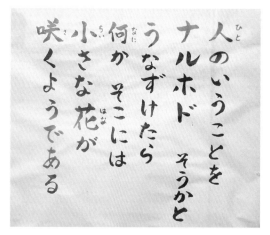

空欄になっている部分の前まで読み上げれば，子どもたちは，続きにどんな言葉が入るか考え始めるだろう。そこで発問する。

発問1 空欄にはどんな言葉が入ると思いますか。

・いいことがある
・喜びが生まれる
　考えが出されたところで，空欄の言葉を提

示する。

　子どもたちからは，「あ～」「どういうこと」「同じようなことを考えていた」などの反応が返ってくるであろう。

　子どもたちの反応を受け止めながら，「小さな花って何だろう」という疑問や「何かよいことが起こりそう」というような雰囲気が感じられることを押さえる。

「小さな花が咲く」とは？

「“小さな花が咲く”と言っていますが，本物の“小さな花が咲く”というわけではないですよね」と言って発問する。

発問2 「小さな花が咲く」とは，どういうことでしょうか。

まずは，自分で考えさせ，となり同士で交流させた後，発表させる。

・うなずいてもらったらうれしいから，笑顔の花が咲くということではないか。
・人の言うことに納得したら，自分の考えが深まるということかもしれない。
・うなずくことで，だんだん相手の気持ちがわかるようになるということではないか。

・うなずくということは，人の言うことを受け入れるということだから，少し賢くなることができるということではないか。
・人の言うことを「ナルホド　そうか」と受け止めるということは，素直な心になれるということかもしれない。

　意見が出つくしたところで，「うなずくと，小さいけれどたくさんのいいことがありそうですね」と言って，子どもたちの考えをまとめる。

自分の話の聞き方は？

発問3　あなたは，小さな花を咲かせていますか。

と発問し，次の4段階から選ばせて，理由を書かせる。

　　4　いつも咲かせている
　　3　だいたい咲かせている
　　2　あまり咲かせていない
　　1　咲かせていない
　　4や3を選んだ子どもを数名発表させる。次のような理由が出されるだろう。
・友達の考えを聞くと，「なるほど〜」と思うことが多いから。
・友達がいいことを言うと，「いい考えだな〜」と感心しているから。
　授業での子どもたちの発言や書いた内容などを学級通信などで紹介し，家庭でも「小さな花を咲かせよう」という意識をもってもらうようにする。
　人の話をうなずきながら聞くことができている子がいたら，「小さな花を咲かせているね」と称賛し，うなずきながら聞くことを学級全体に広めていくようにしたい。

授 業 の 活 用 場 面	
○	A　朝の会・帰りの会
○	B　学年集会・全校朝会
	C　行事の前後
○	D　複数の組み合わせ
○	E　1時間の道徳授業の導入・終末

【授業の流れ】

教材の提示	一部を隠したお寺の掲示物の写真
発問1	どんな言葉が入るか？
話し合い	全体
発問2	「小さな花が咲く」とはどういうことか？
話し合い	ペア→全体
発問3	あなたは，小さな花を咲かせているか？
自己評価	4段階，理由を発表

教材発見・活用のコツ

　寺の掲示板で発見した素材である。寺の掲示板には，考えたくなるような言葉が掲示されているので，ときどきチェックするとよい。
　この教材のよさは，「小さな花が咲くようである」として，うなずくことのよさを伝えようとしていることである。
　このような意識でうなずきながら聞く態度を育てていくことは，学級経営をうまく進めていくうえでとても重要なことなので，4月当初に実施したい。
　1時間の道徳授業にするなら，「どんなうなずきが，よいうなずきなのか」ということを考えさせたい。発問2の後に，「相手が話している間，ずっとうなずいていたら，たくさん花が咲きますね」と挑発的に問いかける。おそらく，「心がこもっていないといけない」「うなずくポイントがある」という意見が出されるであろう。その後ペアになり，うなずきのロールプレイングを行うとよいだろう。

（船木浩平）

友達を大切にする

10. ライバルとの切磋琢磨

| ねらい | 競技という場で刺激し合う2人の関係を知り，自分の友人関係や生き方に生かそうとする意欲を高める。 |

| 関連する主な内容項目 | B 友情，信頼 |

| 小学校低学年 |
| 小学校中学年 |
| 小学校高学年 |
| 中学校 |

2人の交わした言葉は？

写真提供：産経新聞社

授業開始と同時に，左の写真を提示して「この写真は2018年平昌（ピョンチャン）五輪スピードスケート女子500mの全試合が終わった後の1枚です。右の日本選手・小平奈緒さんが金メダル，左の韓国選手・李相花（イ サンファ）さんが銀メダルでした」と話して発問する。

| 発問1 | 気づいたこと，考えたこと，「はてな」と思ったことは何ですか。 |

・韓国の選手は負けた悔しさで泣いているのではないか。
・小平選手は，なぐさめているように見える。
　写真の内容を読み取った後，発問する。

| 発問2 | 小平選手は何と言っているでしょうか。 |

・よくがんばったね　・いい勝負だったね
・次も正々堂々と勝負しよう
　考えが出つくしたところで提示する。

> 「今も尊敬しているよ」

言葉に込められた思いを考える

　言葉を提示した後，発問する。

| 発問3 | なぜ，自分に負けた選手を尊敬しているのでしょうか。 |

・お互い一生懸命練習してきたから　・ギリギリで勝てたから　・勝ったり負けたりしてきているから　・よいライバル同士だから
　出つくしたところで，
「実はこの2人，ずっとライバルなのです。小平選手は，李選手になかなか勝てずにいました。そんな2014年11月，ソウルで開かれたW杯（ワールドカップ）で初めて勝ちました。小平選手は見事優勝したのです。その後に開かれた会見でのことです」と言って発問する。

| 発問4 | 李選手はどのようなことを言ったと思いますか。 |

・次は負けない　・次は自分が勝つ番だ
・初めて負けて悔しい
　考えが出されたところで提示する。
「ライバルがいたからこそ，記録を伸ばせた」

　発問5　2人に共通する（似ている）と
　　　　 ころはありませんか。

　自分で考えさせた後，となり同士で交流さ
せて発表させる。次のようなプラスのとらえ
方が出されるだろう。
・相手を大切にしている　・相手に感謝して
いる　・相手を傷つけないようにしている

　発問6　このような2人の関係を表す
　　　　 言葉を知っていますか。

　「好敵手」「切磋琢磨」を板書して，次のよ
うに話す。「この2人を表す言葉は2つあり
ます。1つめは『好敵手』です。意味は，同
等もしくはそれ以上の実力をもつ競争相手，
ということです。2つめは『切磋琢磨』です。
意味は，友人同士が互いに励まし合い競争し
合って共に向上することです」

自分のことを考える

　「好敵手」「切磋琢磨」を音読させた後，発
問する。

　発問7　あなたは，誰かとこの2人のよ
　　　　 うな関係になれていますか。

　○，×を書かせ，理由も書かせる。
　「誰かと好敵手や切磋琢磨の関係になって
いくために意識していきたいこと」を書かせ
て授業を終える。

授 業 の 活 用 場 面	
○	A　朝の会・帰りの会
○	B　学年集会・全校朝会
○	C　行事の前後
○	D　複数の組み合わせ
	E　1時間の道徳授業の導入・終末

【授業の流れ】

教材の提示	小平選手と李選手の写真
発問1	気づいたこと，考えたこと，「はてな」と思ったことは何か？
発問2	小平選手は何と言ったか？
発問3	なぜ尊敬しているか？
発問4	李選手は何と言ったか？
発問5	2人に共通するところは何か？
話し合い	ペア→全体
発問6	2人の関係を表す言葉は何か？
発問7	誰かとこの2人のような関係になれているか？
自己評価	○か×か

教材発見・活用のコツ

　好敵手がいて，切磋琢磨できる関係という
のは，理想的である。小平選手と李選手はま
さしく，そのような関係のライバルである。
そこで，この2人の関係のような友達がいる
からこそ成長できるという考えをもたせたい
と思い，教材化した。このような意識をもつ
ことの大切さが共有できると，よりよい関係
の構築や学級・学校生活の充実につながる。
　子どもたちは競争することが好きだが，や
やもすると，勝つことだけが先走ってしまう。
この授業を通して，競い合いながらも励まし
合うことのよさを実感させていきたい。
　さまざまな場面でこのことを意識した行動
をしている子どもを取り上げて紹介し，学級
全体に浸透させていきたい。

　　　　　　　　　　　　　　　　（塩塚元啓）

コラム❹ 小さな道徳授業から1時間の道徳授業へ 発展

1．親しき仲にも礼儀あり ⤴p.56～57

1時間の授業に発展させる場合には，次のような発問をしていくとよい。

発問 あなたがこれから気をつけていきたいのは，どんな礼儀ですか。

発問 ○年○組で気をつけていきたいのは，どんな礼儀ですか。

「○年○組3つの礼儀」を決めよう！

授業の様子は，学級通信で各家庭にも紹介し，それぞれの家庭の中で気をつけるべき礼儀についても考えさせていくとさらに効果的である。

3．顔を見て伝えよう ⤴p.60～61

1時間の授業にするなら，『光を失って心が見えた　全盲先生のメッセージ』（新井淑則 著，金の星社）の次の言葉を関連づけた授業を行いたい。

> 本当に気持ちを伝えようと思ったら，相手の目を見て，相手の顔色を見て，相手の息づかいを感じて，自分の言葉で伝えることが大切だと思います。　　　　　　（P.116より）

目の見えない先生からのメッセージは，重みを感じさせる。

4．応援される人に ⤴p.62～63

1時間の授業にするのであれば，松田選手についてもう少していねいに触れたい。4大会オリンピック（アテネ，北京，ロンドン，リオ）に出場し，表彰されている写真を提示するなどして，偉大な選手であることに気づかせたい。

松田選手のことを知ってから，本の言葉に出合わせることで，子どもたちの興味・関心も高まり，印象にも残りやすいものになる。

『夢を喜びに変える 自超力』松田丈志・久世由美子 著
（ディスカヴァー・トゥエンティワン）

6．元気な一声 ⤴p.66～67

1時間の授業に発展させるには，発問6で，みんながやってみたくなる，楽しんであいさつが増える取り組みや作戦，アイデアなどという視点を与えると，より活発な話し合いになっていく。

その中から，みんなで取り組みたいものを選び，実践意欲を高めていくとよい。

第6章

思いやりの心で

思いやりの心で

1. ちょっとした思いやり

ねらい 「ちょっとした"思いやり"」なら自分にもできそうであることに気づかせ, やってみようとする意欲を高める。

関連する主な内容項目 B 親切, 思いやり (中学は, 思いやり, 感謝)

小学校低学年
小学校中学年
小学校高学年
中学校

トイレで発見したモノ

【写真1】を提示して発問する。

【写真1】

【写真2】

発問1 ある駅のトイレの中で, 「おもしろいなあ」と思えるモノを発見しました。いったい何でしょう。

子どもたちは「えっ, 何だろう?」という表情をするだろう。ここでは特に答えを求めるのではなく, 「何だろう?」という関心を高めればよい。

子どもたちの予想を受け止めた後, トイレ内部【写真2】を提示して, 張り紙に着目させる。

空欄の言葉は?

「ちょっとした」という言葉を隠した張り紙【写真3】を提示して, 空欄の言葉を考えさせる。

次のような言葉が出されるだろう。

・やさしい　・すてきな　・考えた

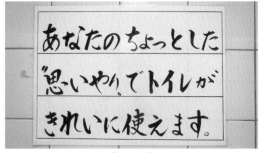

【写真3】

子どもの考えを聞いた後, 「ちょっとした」であることを知らせる。

できることは?

発問2 「ちょっとした"思いやり"」とは, どんな思いやりですか。

自分の考えを書かせて発表させる。

次のような考えが出されるだろう。

・使った後, きちんと流す
・便器を汚したら拭き取る
・スリッパを使った後, きちんと揃える
・トイレットペーパーの切れ端が落ちたら拾って捨てる

すてきな学級にするには?

「ちょっとした思いやり」が出つくしたと

ころで次のように言う。

「こんなポスターを作りました」

子どもたちが, どんなポスターだろう? と興味をもったところで以下のポスターを提示する。

あなたのちょっとした
"思いやり"で
すてきな学級を
つくることができます。

音読させた後, 発問する。

発問3 このポスターの言葉に賛成ですか, 反対ですか。

ほとんどの子どもは賛成するだろう。

「ほとんどの人が, すてきな学級にしたいという気持ちをもっているんですね」と言って子どもたちの意思表示を受け止めた後, 発問する。

発問4 すてきな学級にするために, どんな「ちょっとした"思いやり"」ができそうですか。

「グループで 10 個考えよう」と投げかけて, 話し合わせる。

次のようなアイデアが出されるだろう。

・勉強がわからなくて困っている人がいたら, 教えてあげる。

・悲しそうな顔をしている人がいたら, 「何かあったの?」と声をかける。

・朝会ったら, 明るくあいさつする。

出されたアイデアを短冊に書かせて模造紙に張り, 授業後に活用していく。

授 業 の 活 用 場 面	
○	A 朝の会・帰りの会
○	B 学年集会・全校朝会
	C 行事の前後
○	D 複数の組み合わせ
○	E 1時間の道徳授業の導入・終末

【授業の流れ】

教材の提示	トイレの入口の写真
発問1	おもしろいと思えるモノとは, いったい何か?
教材の提示	トイレの内部の写真
教材の提示	空欄にした張り紙の写真
発問2	「ちょっとした"思いやり"」とは, どんな思いやりか?
話し合い	全体
教材の提示	学級のポスター
発問3	ポスターの言葉に賛成か, 反対か?
話し合い	全体
発問4	どんな「ちょっとした"思いやり"」ができそうか?
話し合い	グループ→全体

教材発見・活用のコツ

「いいなあ」と思った素材を発見したときに大切なことは, 「素材周辺の情報をできるだけ収集しておく」ということである。

この張り紙を発見した後, 次のような写真を撮った。

① 駅名がわかる写真

② トイレの入口の写真

③ トイレの中の全体像が見える写真

素材周辺の情報を集めておくと, 授業をつくるときに大きな効果を発揮する。

よい素材を発見したら, 授業をつくるときに役立ちそうな周辺情報を収集するという意識をもつとよい。

→p.96 コラム 1時間の道徳授業へ 発展

(鈴木健二)

思いやりの心で

2. ヘルプのサインに気づこう

ねらい ヘルプマークがなくても友達のヘルプのサインに気づ
き，自分にできる行動をしようとする意識を高める。

関連する主な内容項目 B 親切，思いやり

| 小学校低学年 |
| 小学校中学年 |
| 小学校高学年 |
| 中学校 |

ヘルプマークとは？

中央のつり革につかまっている男性のイラスト（カラー）だけを提示して発問する。

気づいてください。
ヘルプのサイン。

ヘルプマークは、
外見から分からなくても
援助が必要な方が
身につけるマークです。

🌸京都府
このマークの配布先等の詳細については、
http://www.pref.kyoto.jp/shogaishien/helpmark.html を御覧ください。

助け合いのしるし
ヘルプマーク

発問1 気づいたこと，考えたこと，「はてな」と思ったことは何ですか。

次のような発言があるだろう。
・電車に乗っている。
・困ったような顔をしている。
・赤いカードをつけている。
・どうして真ん中が白いのかな。
・赤いカードは何かな。

子どもの疑問を受けて，右下のヘルプマークだけ提示する。
十字やハートのマークから，
「何か困っている人のマークかもしれない」
ということに気づく子どもが出てくるだろう。そこで，「助け合いのしるし　ヘルプマーク」であることを知らせ，発問する。

発問2 どうしてこんなマークが必要なのでしょうか。

次のような考えが出されるだろう。
・このマークをつけていると，助けてほしいことがあることをわかってもらえる。
・このマークを見た人が，席をゆずったり，声をかけたりしやすくなる。
ポスターの中の以下の説明を提示して，ヘルプマークの理解を図る。

ヘルプマークは，外見からは分からなくても援助が必要な方が身につけるマークです。

ヘルプのサインに気づく

ポスターの全体を提示し，「気づいてください。ヘルプのサイン。」というキャッチコピーを読ませた後，発問する。

> 発問3 この学級には，ヘルプマークがありませんが，あなたは，友達のヘルプのサインに気づく自信がありますか。

次の4段階で自己評価させる。
　4　自信がある　　　3　まあまあ自信がある
　2　あまり自信がない　　　1　自信がない
　4や3を選んだ子どもに，どうやって気づくか発表させる。
・きつそうにしている様子を見たら気づくことができる。
・さびしそうにしている態度から気づくことができる。
　出された考えから，表情や態度などから気づくことができることを押さえる。
　実際に気づいたことがある事例などを発表させてもよい。

> 発問4 気づくだけでいいですか。

「気づくだけでいい」と思えば○，「気づくだけではだめ」と思えば×を書かせ，挙手させる。圧倒的に×が多いだろう。
　次のような理由が出されるだろう。
・気づくだけではなくて，何か行動を起こさないと，その友達は困ったままになってしまう。
　最後に，困っている友達に気づき行動した子どもを紹介して授業を終える。

授 業 の 活 用 場 面	
○	A　朝の会・帰りの会
○	B　学年集会・全校朝会
	C　行事の前後
○	D　複数の組み合わせ
	E　1時間の道徳授業の導入・終末

【授業の流れ】

教材の提示	ポスターの男性のイラスト
発問1	気づいたこと,考えたこと,「はてな」と思ったことは何か？
発表	全体
教材の提示	ヘルプマーク
発問2	どうしてマークが必要か？
話し合い	全体
教材の提示	説明の言葉
発問3	友達のヘルプのサインに気づくか？
自己評価	4段階，気づく方法の検討
発問4	気づくだけでよいか？
発表	○か×か

教材発見・活用のコツ

　駅でたまたま発見したポスターである。「気づいてください。ヘルプのサイン。」
　このキャッチコピーを使って，友達のヘルプのサインに気づこうとする意識を高めることができるのではないかと考えて授業プランをつくった。
　授業の終末で，実際に困っている友達に気づいて行動している子どもを紹介すると，学級全体のよい行動を促すことにつながっていく。
　授業後は，ポスターを掲示して意識の持続を図りながら，何か行動を起こしている子どもの姿を折に触れて紹介し，友達のヘルプのサインに「気づき」「行動する」という雰囲気を学級全体に波及させていくとよい。

（鈴木健二）

思いやりの心で

3. 見知らぬ人の親切に感激

ねらい 見知らぬ人がとった行動のエピソードを通して，相手の
立場に立って親切にする心を育てる。

小学校低学年
小学校中学年
小学校高学年
中学校

関連する主な内容項目　B　親切，思いやり・感謝
　　　　　　　　　　（中学は，思いやり，感謝）

感激したわけ

　授業開始と同時に，次の新聞記事（タイトルと写真）を提示する（記事本文は隠す）。

長崎新聞　2017年8月25日付

　少し間をおいて，「写っているのは，近所のスーパーの前の中山好美さんと愛子さん夫婦です」と話して発問する。

発問1 **2人はどんなことに感激したのでしょうか。**

　子どもたちのつぶやきを拾う。
・お金が足りなくなって貸してもらった。

・スーパーで品物を安くしてもらった。
・体調が悪くなって救急車を呼んでもらった。
　考えが出されたところで，
「今から，新聞記事を読みます。中山さん夫婦がどこに感激したか，わかるといいですね」と言って以下の新聞記事を読む。

見知らぬ人の親切

　お昼頃，愛子さんは近所のスーパーで買い物をした際，止めておいたミニバイクの鍵を，側溝の中に落としてしまいました。好美さんと2人で拾おうとしたけど，側溝にはコンクリート製のふたががっちりはめ込まれています。

　そこへ小学生の娘さんを連れた見ず知らずの40代ぐらいの中年男性が通りがかり，「私がやります」と申し出てきました。ただ，ふたは分厚く重く，なかなか外れません。

　さらに通りがかった70代ぐらいのお年寄りがふたをもちあげるための道具をわざわざ自宅に取りに行ってくれました。

　炎天下で悪戦苦闘すること約1時間。ようやく1枚のコンクリートのふたが持ち上がりました。しかし，なかなか鍵は見つかりませ

82

ん。側溝の幅は約40センチです。子どもな
らぎりぎり入ります。中年男性は娘に側溝の
ふたの下にもぐって探すように指示しまし
た。女の子はいやがりもせず暗くて狭くてき
たない側溝の中に入りました。そして，つい
にバイクの鍵を発見しました。

中山さん夫婦が御礼を言うと，「同じ町内
の住人じゃないですか」とさらりと言ってそ
の場をさって行きました。　　　　（筆者要約）

読み終わった後，ペアで感想を交流させる。

| 発問2 | 中山さん夫婦は，みんなの親切にとても感激したそうです。特にどんなところに感激したと思いますか。 |

数名に発表させる。次のような考えが出さ
れるだろう。
・猛暑の中，みんなで探してくれたところ。
・みんなが約1時間もがんばってくれたとこ
　ろ。
・女の子が暗くてきたない側溝に入ってくれ
　たところ。
・70代のお年寄りも協力してくれたところ。
・「同じ町内の住人じゃないですか」とさら
　りと言ってその場をさって行ったところ。

最後に中山さんの次の一言をつけ加え，授
業を終える。

猛暑の中，縁もゆかりもない他人のために，
汗びっしょりになって頑張ってくれた。

女の子は服が汚れるのもかまわず側溝に
入ってくれた。人には親切にしなければなら
ないと教えられ，この年になって人生観が変
わった。こんな人たちがいる私たちの町の将
来は明るい。　　　　　　　　　　（筆者要約）

授業の活用場面

○	A	朝の会・帰りの会
○	B	学年集会・全校朝会
	C	行事の前後
○	D	複数の組み合わせ
	E	1時間の道徳授業の導入・終末

【授業の流れ】

教材の提示	中山さん夫妻の写真
発問1	2人はどんなことに感激したのか？
話し合い	全体
教材の提示	新聞記事
話し合い	ペア
発問2	中山さん夫婦は，特にどんなところに感激したのか？
話し合い	全体
教材の提示	新聞記事の続き

教材発見・活用のコツ

ネット上には，心が温かくなるような話を
集めたサイトが数多く存在する。

この話はその一つである。

今回，私が利用したのは，「ハッピーニュー
ス」というサイトの次のアドレスである。
https://newspark.jp/contents/20170825
m_nagasaki30/ ＜見知らぬ人の親切に感激＞

この記事は，長崎新聞（2017年8月25日
付）に掲載された。

「ハッピーニュース」のサイトは，一般社
団法人日本新聞協会が運営し，全国から寄せ
られた人の心が温かくなるような新聞記事が
発表されているサイトである。

日頃から，このようなサイトのニュースに
目を通して授業に活用できないかチェックす
るとよい。

➡p.96 コラム 1時間の道徳授業へ 発展

（倉爪浩二）

思いやりの心で

4. 迷惑行為ランキング

ねらい 迷惑行為をしないようにしようとする気持ちを高め，よりよい学級をつくっていこうとする態度を養う。

関連する主な内容項目 C よりよい学校生活，集団生活の充実

小学校低学年
小学校中学年
小学校高学年
中学校

迷惑行為ランキング

授業開始と同時に，次のポスターの「迷惑行為ランキング」の言葉の部分だけを提示して発問する。

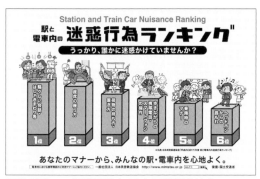

画像提供：一般社団法人 日本民営鉄道協会

発問1 これは，あるポスターのタイトルです。迷惑行為とは何でしょうか。

次のような考えが出されるだろう。

・人が迷惑する行動
・周りのことを考えずに，大きな声を出したり，騒いだりすること
・人がいやがることをすること

考えが出つくしたところで，1位の「大声でおしゃべりしているイラスト」だけを提示する。

子どもたちが電車の中の迷惑行為だと気づいたところで発問する。

発問2 この行為がどうして迷惑なのでしょうか。

次のような考えが出されるだろう。

・周りの人が迷惑するような大声でしゃべっているから。
・迷惑している人がいることに気づかないでしゃべっているから。
・静かにしてほしい人がいるかもしれない。
・聞きたくもない話が，耳に入ってきてしまうから。

駅と電車内の迷惑行為ランキング

「これが駅と電車内の迷惑行為ランキング1位でした」と知らせた後，発問する。

発問3 このポスターには6位までのランキングがありました。2位から6位までに入っている迷惑行為は何でしょうか。

自分の予想をいくつか書かせた後，グルー

プで話し合わせ，グループから１つずつ出させる。次のような予想が出されるだろう。

・携帯電話を使う　・荷物を座席に置く
・大音量で音楽を聴く　・ドアのところに立つ
・並んでいる人を抜かして乗る

　出つくした後，ポスターの全体を提示して２位から６位を知らせていけば，子どもたちは興味深く見るだろう。

学級の迷惑行為ランキング

　次の図（学級の迷惑行為ランキング）を提示して発問する。

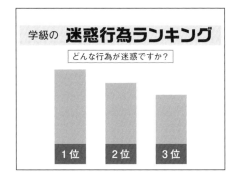

> **発問４** この学級の迷惑行為ランキングを決めるとしたら，どんな迷惑行為を選びますか。

　個人で３つ書かせた後，グループで話し合い，３位までのランキングを決めてホワイトボードに書かせる。
　次のような迷惑行為が出されるだろう。
・授業中に勝手におしゃべりする。
・休み時間に教室を走り回る。
・学級文庫の本を読んだ後，片付けない。
・掃除時間に遊んでいる。
・注意されると文句を言う。
　グループのホワイトボードを黒板に並べ，学級全体のランキング３位までを決めて図に書き込み授業を終える。

授 業 の 活 用 場 面	
○	A　朝の会・帰りの会
○	B　学年集会・全校朝会
	C　行事の前後
○	D　複数の組み合わせ
	E　１時間の道徳授業の導入・終末

【授業の流れ】

教材の提示	「迷惑行為ランキング」の言葉
発問１	迷惑行為とは何か？
教材の提示	１位のイラスト
発問２	どうして迷惑なのか？
話し合い	全体
発問３	２位から６位までは何か？
話し合い	グループ→全体
発問４	この学級の迷惑行為ランキングは何か？
話し合い	グループ→全体

教材発見・活用のコツ

　ある駅で発見したポスターである。
　迷惑行為ランキングを学級に置き換えて考えさせることで，迷惑をかける行為を抑制する効果が期待できる。
　グループや学級全体で「学級の迷惑行為ランキング」の３位までを選ばせるときに，その理由を十分出させることが，迷惑行為をしっかり意識づける上でポイントとなる。
　学級の迷惑行為ランキングは，授業後教室に掲示し，迷惑行為をした子どもが現れたときに活用するなどして，意識の持続を図るようにする。
　この授業は，年度初めの時期や夏休み明けなどに行うと効果的である。

（鈴木健二）

思いやりの心で

5. 少しの気配り

ねらい 周囲のことを考えて，少しの気配りをする良さを感じ，行動しようという意欲を高める。

関連する主な内容項目　B　親切，思いやり（中学は，思いやり，感謝）

| 小学校低学年 |
| 小学校中学年 |
| 小学校高学年 |
| 中学校 |

どういう状況？

画像提供：阪急電鉄株式会社

　授業開始と同時に，上のポスターのイラスト部分だけを提示し，発問する。

発問1　気づいたこと，考えたこと，「はてな」と思ったことは何ですか。

　次のような考えが出されるだろう。
・大声で話している人がいる
・ヘッドフォンから音楽が外に漏れている
・車内で飲食している人がいる
・食べ物を電車の床に落としている
・化粧をしている女の人がいる

・本を読んでいる人が迷惑そうな顔をしている

　ポスターの状況をとらえさせたところで発問する。

発問2　この人たちは，電車の中の状況をどう思っているでしょうか。

　次のような考えが出されるだろう。
・何とも思っていない
・これくらいならどうってことはない
・化粧をするくらい大丈夫
・迷惑な人たちだ（本を読んでいる人）

言葉の意味は？

発問3　このイラストは，あるポスターに使われています。どんな言葉がつけてあると思いますか。

　次のような言葉が出されるだろう。
・迷惑をかけるのはやめよう！
・あなただけの電車ではありません！
・困っている人がいます！

　どの言葉も受け止めたところで，ポスター

の言葉を提示する。

> "少しくらい" より,
> "少しの気配り" を。

この言葉を音読させた後, 発問する。

発問4 | どういう意味でしょうか。

自分で考えさせた後, となり同士で交流し, 再度自分の考えをまとめさせる。
次のような考えにまとまるだろう。
・"少しくらい" ならいいと思うのではなく, 周りの人に "少しの気配り" をしてほしいという意味。

"少しくらい" から抜け出すには？

発問5 | あなたは "少しくらい" と思ってしてしまったことはありませんか。

あると思えば○, ないと思えば×を選ばせる。ほとんどの子どもは○を選ぶだろう。
○を選んだ数名の子どもに発表させる。

発問6 | あなたの "少しくらい" を "少しの気配り" にするためには, どうしたらいいでしょうか。

自分で考えさせた後, グループでアイデアを出させる。
・"少しくらい" と思ったときには, 誰かが迷惑するかもしれないと考えてがまんする。
・"少しくらい" と思ったときには, わがままな考えだと自分に言い聞かせる。
出されたアイデアの中から, 自分が特に意識したい考え方を選ばせて授業を終える。

授 業 の 活 用 場 面	
○	A 朝の会・帰りの会
○	B 学年集会・全校朝会
	C 行事の前後
○	D 複数の組み合わせ
○	E 1時間の道徳授業の導入・終末

【授業の流れ】

教材の提示	ポスターのイラスト部分
発問1	気づいたこと, 考えたこと, 「はてな」と思ったことは何か？
発表	全体
発問2	状況をどう思っているか？
発表	全体
発問3	どんな言葉がつけてあるか？
発表	全体
教材の提示	ポスターの言葉
発問4	言葉の意味は何か？
話し合い	個人→ペア
発問5	してしまったことはあるか？
発表	○か×か
発問6	"少しの気配り" にするためにはどうしたらよいか？
話し合い	グループ→全体

教材発見・活用のコツ

教材は, 阪急電鉄のポスターである。
相手や周りが嫌がることをしているつもりはなくても, "少しくらい" という考え方では, 知らないうちに誰かに迷惑をかけてしまうことがあると気づかせたいと思い考えた授業プランである。
新年度がスタートして, 学級に慣れてきたころに行うと効果的である。
授業後は, 少しの気配りをしている子どもを紹介し, 学級全体に広げていきたい。

(塩塚元啓)

思いやりの心で

6. 次の人への思いやり

ねらい みんなが利用するものについて，次に使う人のことを考えて行動しようとする気持ちを高める。

関連する主な内容項目 B 親切，思いやり

小学校低学年
小学校中学年
小学校高学年
中学校

横断歩道にあるのは？

次の【写真1】を提示し，鹿児島市天文館の横断歩道の横の様子であることを説明する。

【写真1】

発問1 横断歩道の両側に，写真のような入れ物が設置されています。この中にはある物が入っているのですが，それは何だと思いますか。

子どもからは「横断旗」「傘」「杖」などの意見が出されるだろう。

予想を板書した後，正解を知らせる。
「この入れ物には雨の中で横断歩道を渡る人が濡れないようにするための傘が置かれています。傘を使って反対側に渡り，またそこの入れ物に返すのです」

現在の傘入れの状況

「そんな傘は今はこうなっています」と言って，【写真2】の下の方の看板を隠して提示する。

【写真2】

発問2 この写真を見て，何か気がつくことはありませんか。

・傘が2本しかない。
・傘がほとんどない。
・1本の傘が壊れている。

乱暴に扱う人の気持ちは？

発問3 傘を持って帰る人や乱暴に扱う人は，どんな気持ちでそれをしているのでしょう。

自分の考えをじっくり書かせる。

・自分だけが濡れなければいいと思っている。
・安い傘だから1本くらいもらってもいいだろうと思っている。
・次に使いたい人が困るのではないかという想像力がない。

　次々に意見を発表させて，傘を持って帰る人や乱暴に扱う人たちの心情を想像させる。

看板に書かれた言葉は？

　傘を持って帰る人，乱暴に扱う人などの存在に気づかせた後，もう一つの看板の言葉に着目させる。

> 発問4 写真にはもう一つ看板があって，ある言葉が書かれています。何と書いてあるのでしょう。

　いろいろ言わせた後に，隠していた看板を提示し，次の言葉を見せる。

> 次にご利用になる方への思いやりを！

　「先ほど，傘を持ち帰る人や乱暴に扱う人の気持ちを想像しましたね。つまり，こういう人たちには『思いやり』が欠けているのです」

> 発問5 あなたには，みんなの物を大切に使ったり，元のところに返したりする「思いやり」の心がありますか。

　自信があれば○，あまり自信がなければ×を選ばせる。数名に選んだ理由を発表させた後，「○に近づくためにはどうしたらいいですか」と問いかけ，授業を終える。

授 業 の 活 用 場 面	
○	A　朝の会・帰りの会
	B　学年集会・全校朝会
	C　行事の前後
○	D　複数の組み合わせ
○	E　1時間の道徳授業の導入・終末

【授業の流れ】

教材の提示	横断歩道脇の入れ物の写真
発問1	中に入っている物は何か？
発問2	写真を見て気がつくことは何か？
発表	全体
発問3	傘を持って帰る人や乱暴に扱う人はどんな気持ちか？
発表	全体
発問4	もう一つの看板には何と書いてあるか？
教材の提示	看板の言葉
発問5	「思いやり」の心があるか？
話し合い	○か×か

教材発見・活用のコツ

　信号待ちの際に，目についた物である。

　時々，傘を乱暴に差し込む人や，壊した上に投げ捨てていってしまう人などを目撃したことがある。そのような行為をする人たちからは「横断歩道を渡る間だけ，自分にだけ役に立てば，後はもう用はない」といった雰囲気が感じられた。みんなが自由に利用できる物があると平気で持ち帰ったり，安易に壊したりする人がいるのは，非常に残念である。

　子どもたちには「自分は次の人のことを考えるぞ」という強い気持ちを育てることが必要であると思い，教材化した。

　このような教材を用いることで，学校内にある公共物の扱いにも意識を向けさせたい。

➡p.96 コラム 1時間の道徳授業へ 発展

（内山田博文）

7.「助けて」と言える社会に

ねらい 寺田さんの体験談から，「助けて」と言える学級・社会にしていこうという意識を高める。

関連する主な内容項目 C よりよい学校生活，集団生活の充実

小学校低学年
小学校中学年
小学校高学年
中学校

友人の言葉

授業開始と同時に，写真を提示して「この人は，寺田ユースケさんという人です。脳性まひで足が十分に動かせません」と話す。

写真提供：共同通信社

少し間をおいて話す。

「ある日，寺田さんが，駅の改札に近い階段で駅員に手伝いを頼むと，"その階段は管轄外"と断られたそうです」

そのことを友人に話しました。

発問1 あなたが，寺田さんの友人なら何と言いますか。

おそらく，駅員を批判する言葉などが出されるであろう。子どもたちの意見を受け止めて，友人の言葉を伝える。

> 「普通の人に手伝ってもらえばいいだけじゃないか」

友人の言葉に驚く子どもが多いだろう。

ロンドンとの違い

「寺田さんはそのとき，ロンドンに留学していたときのことを思い出したそうです」と言って次のような話をする。

「ロンドンに留学しているとき，車椅子の車輪が溝にはまった途端，何人もが助けようと駆け寄ってきたそうです。バスの昇降口などで，誰もが手を差し伸べてきたそうです」

「ロンドンでは，普通の人が手伝ってくれるようですね」と言って，発問する。

発問2 あなたが近くにいたら助けてあげることができましたか。

できたと思えば〇，できなかったと思えば×を書かせる。次のような考えが出されるだろう。

【○を選んだ子】

・困っている人がいたら，助けてあげるのは
当たり前。

【×を選んだ子】

・助けていいのか，わからない。

・車椅子の操作に自信がない。

「×の人が日本に多いからなのかわかりま
せんが，寺田さんは"日本には助けてと言い
出しづらい空気がある"と言っています」と
言う。

この学級は？

自分のこととして考えさせるために，次の
発問をする。

発問3 この学級は，「助けて」と言い
やすい学級になっていると思
いますか。

次の4段階で考えさせる。

4 なっている　　3 まあまあなっている

2 あまりなっていない　1 なっていない

「2 あまりなっていない」と考える子ども
が多いだろう。何人か指名して，理由を発表
させる。

このままの学級ではよくないのではないか
ということを共有して発問する。

発問4 みんなが「助けて」と言いやす
い学級にするために，あなたが
できることは何ですか。

考えを書かせて授業を終える。

授業の内容を学級通信等で紹介し，「助け
て」と言える学級にしていきたいという思い
を高めていく。

授業の活用場面	
○	A　朝の会・帰りの会
○	B　学年集会・全校朝会
	C　行事の前後
○	D　複数の組み合わせ
○	E　1時間の道徳授業の導入・終末

【授業の流れ】

教材の提示	寺田ユースケさんの写真
発問1	あなたなら何と言うか？
教材の提示	友人の言葉
発問2	助けることができるか？
話し合い	○か×か
発問3	「助けて」と言える学級か？
話し合い	4段階評価
発問4	あなたにできることは何か？
書く	自分の考え

教材発見・活用のコツ

新聞記事の寺田さんの友人の言葉に衝撃を
受けて，教材化したいと考えた。

困ったときには，誰にでも「助けて」と言
える子どもを育てていくことが，誰かが困っ
ているときに手を差し伸べられる子どもを育
てていくことにつながっていく。

宮崎日日新聞　2018年4月4日付

→ p.96 コラム 1時間の道徳授業へ 発展

（船木浩平）

8. 人の気持ちがわかる人，わからない人

ねらい 話し合いを通して，自分も人の気持ちがわかる人に近づきたいという気持ちを高める。

関連する主な内容項目 B 親切，思いやり（中学は，思いやり，感謝）

小学校低学年
小学校中学年
小学校高学年
中学校

空欄の言葉は？

授業開始と同時に，次の本の表紙を「人の気持ち」という言葉を隠して提示する。

アドラー流 8つの感情整理術
Adlerian methods to sort out your emotions

『人の気持ちがわかる人，わからない人』
和気香子 著（クロスメディア・パブリッシング）

子どもたちは，提示されたとたん，隠してあるところにどんな言葉が入るか考え始めるだろう。

子どもたちの様子を見て発問する。

発問1 どんな言葉が隠れているでしょうか。

次のような言葉が出されるだろう。

・勉強
・問題の答え
・クイズ
・なぞなぞ

どちらの人がいい？

出つくしたところで，「人の気持ち」という言葉であることを知らせ，発問する。

発問2 人の気持ちが「わかる人」と「わからない人」，どちらの人がいいですか。

どちらかを選ばせて挙手させる。

ほとんどの子どもは「わかる人」を選ぶだろう。

そこで，何人かを指名して選んだ理由を発表させる。

次のような理由が出されるだろう。

・「わからない人」は人にいやなことをするから。

・「わかる人」はやさしいから。

・「わからない人」と一緒にいると腹が立つから。

自分はどちらか？

「わかる人」がいいことを十分確認した後，発問する。

> 発問3 あなたは，人の気持ちが「わかる人」と「わからない人」のどちらに近いでしょうか。

どちらに近いか書かせ，理由を書かせる（どちらかと言えば近い方で選ばせる）。

となり同士で交流させた後，「理由を発表してもよい」という子を何名か指名して発表させる。

次のような考えが出されるだろう。

【わかる人に近い】

・困っている友達がいたら，声をかけているから。

・誰かに迷惑をかけるようなことをしないように気をつけているから。

・がんばっている友達を応援しているから。

【わからない人に近い】

・悪いと思っていても，ついいやなことを言ってしまうことがあるから。

・教室でつい大きな声を出して騒いだりしているから。

> 発問4 今よりももっと人の気持ちが「わかる人」に近づくためにはどうしたらいいでしょうか。

自分にできそうなことを書かせた後，グループで話し合わせる。

よいアイデアをグループから発表させて授業を終える。

授 業 の 活 用 場 面	
○	A 朝の会・帰りの会
○	B 学年集会・全校朝会
	C 行事の前後
○	D 複数の組み合わせ
○	E 1時間の道徳授業の導入・終末

【授業の流れ】

教材の提示	本の表紙を提示（「人の気持ち」を隠す）
発問1	隠れている言葉は何か？
教材の提示	「人の気持ち」という言葉
発問2	人の気持ちが「わかる人」と「わからない人」，どちらの人がよいか？
話し合い	全体
発問3	人の気持ちが「わかる人」と「わからない人」のどちらに近いか？
話し合い	交流，理由の発表
発問4	もっと人の気持ちが「わかる人」に近づくためにはどうしたらよいか？
話し合い	グループ→全体

教材発見・活用のコツ

本の題名だけでも，教材にすることができる。

この授業は，人の気持ちがわからない人が描かれているような教科書教材と関連づけて活用することも可能である。

その場合には，発問2の後，次の発問をするとよい。

> 発問
>
> これから読む話に出てくる人は，人の気持ちが「わかる人」でしょうか，「わからない人」でしょうか。

（鈴木健二）

思いやりの心で

9. 歩いてくれてありがとう！

ねらい 廊下を歩くことによって，人を困らせないですむことに気づき，自分も歩くようにしたいという意識を高める。

関連する主な内容項目　C よりよい学校生活，集団生活の充実

小学校低学年
小学校中学年
小学校高学年
中学校

おかしな標語？

「ある学校の廊下で，おもしろい看板を発見しました」と言って，「ありがとう！」を空欄にして看板の写真を提示する。

発問1 空欄に入る言葉は何でしょうか。

思いついた言葉を発表させる。
次のような考えが出されるだろう。
・うれしいな
・助かるよ
・ありがとう
出つくしたところで，「ありがとう！」という言葉であること知らせて発問する。

発問2 この標語はおかしくないですか。

おかしいかおかしくないかを書かせて理由を考えさせる。
次のような考えが出されるだろう。
【おかしくない】
・歩くと人に迷惑をかけないから，歩いてくれた人に「ありがとう！」と言ってもいいから。
・歩くというきまりを守っている人は，きちんと行動ができている人だから。
【おかしい】
・歩くのは当たり前なのにお礼を言うのはおかしいから。
相手に言いたいことがあれば議論させる。

誰が言ってるの？

議論が一段落したところで発問する。

| 発問3 | 誰が「ありがとう！」と言って
いるのでしょうか。 |

　自分で考える時間をしばらくおいて，となり同士で交流させた後，発表させる。
　次のような考えが出されるだろう。
・先生　　　・友達　　　・授業中の学級
・廊下　　　・学校に来ているお客さん
　出された考えについては，なぜその理由かも発表させる。たとえば「廊下」であれば，次のような理由が出されるだろう。
・走られると廊下が傷んだり，音が響いたりするから，歩いてくれるとうれしいから。
　考えが出つくしたところで発問する。

| 発問4 | 私たちの学校にもこんな標語
があった方がいいですか。 |

　あった方がいいと思えば○，ない方がいいと思えば×を書かせ，理由を発表させる。
　次のような考えが出されるだろう。
【あった方がいい】
・あった方が廊下を歩く人が増えるから。
・あった方がみんなが廊下を歩くことを意識するようになるから。
【ない方がいい】
・こんな看板がないと歩かないというのはおかしいから。
・こんな看板がなくてもちゃんと歩くような学校にした方がいいから。
　最後に，次の発問をして授業を終える。

| 発問5 | あなたは，「歩いてくれてあり
がとう！」と言ってもらえる自
信がありますか。 |

授業の活用場面

○	A	朝の会・帰りの会
○	B	学年集会・全校朝会
	C	行事の前後
○	D	複数の組み合わせ
	E	1時間の道徳授業の導入・終末

【授業の流れ】

教材の提示	廊下の看板の写真
発問1	空欄に入る言葉は何か？
教材の提示	「ありがとう！」の言葉
発問2	標語はおかしくないか？
話し合い	全体
発問3	誰が「ありがとう！」と言っているのか？
話し合い	ペア→全体
発問4	私たちの学校にもこんな標語があった方がいいか？
話し合い	○か×か
発問5	「歩いてくれてありがとう！」と言ってもらえる自信があるか？

教材発見・活用のコツ

　学校でよく見かける看板も，教材として活用できる。
　この標語でおもしろいのは，「廊下を歩く」という当たり前の行為に対して「ありがとう！」と感謝しているところである。
　「この標語はおかしくないか」ということについて，議論を通して，当たり前の行為をきちんとやることの大切さに気づかせていきたい。
　授業の後に「歩いてくれてありがとう！」週間を設定するなどして，取り組むとよい。帰りの会などで「今日は"ありがとう！"と言ってもらえましたか」と問いかけ，定着を図りたい。

（鈴木健二）

第6章 思いやりの心で

コラム⑤ 小さな道徳授業から1時間の道徳授業へ 発展

1. ちょっとした思いやり ↩p.78〜79

　1時間の道徳授業に発展させるとしたら，発問4を次のように膨らませて展開する。

> あなたのちょっとした "思いやり"で すてきな学級を つくることができます。

① 個人で3つ以上の「ちょっとした思いやり」を考える。

② 4人程度のグループでアイデアを出し合い，ベスト3を決める。

③ 学級全体でグループのベスト3を発表し，自分が意識していきたい「ちょっとした思いやり」を3つ選び，カードに書く。

3. 見知らぬ人の親切に感激 ↩p.82〜83

　1時間の道徳授業に発展させる場合は，以下の発問と話し合い，発表などの活動が考えられる。

発問 みんなが特に感激したのは，どの行動ですか。

発問 みんなも感激するような経験をしたことはありませんか。

発問 自分の親切度は何％ですか。その理由は何ですか。

6. 次の人への思いやり ↩p.88〜89

　1時間の道徳授業に発展させるならば，次のような活動に取り組むとよい。

① 看板にしたい言葉を出し合い，学級ベスト3を決める。

②「〜思いやりを！」の言葉を学校内で掲示するとしたら，どの場所がよいかを考えさせ，話し合わせる。

　いずれの課題の場合も，3〜4人のグループ活動を入れることで授業が活気づくだろう。

7. 「助けて」と言える社会に ↩p.90〜91

　1時間の道徳授業にするなら，新聞記事をもとに次のような説明を加えて，寺田さんの活動について話し合いをさせる。

> 　寺田さんは，この経験からヘルプッシュと名づけて，車椅子を押してもらいながら日本各地を旅しています。すでに16道県を訪れているそうです。
>
> 　困っている人が，「助けて」と言える社会になってほしいという願いをこめて行動しているのです。

写真提供：共同通信社

第7章

いじめをなくしたい

いじめをなくしたい

1. 見て見ぬふりもいじめです

ねらい 「見て見ぬふり」がいじめであることに気づき，「見て見ぬふり」をしないで何とかしようとする気持ちを高める。

関連する主な内容項目 C 公正，公平，社会正義

小学校低学年
小学校中学年
小学校高学年
中学校

誰の言葉？

見て見ぬふりもいじめです

静岡県少年警察ボランティア連絡協議会

提供：静岡県少年警察ボランティア連絡協議会
写真協力：自然社

　警察官のイラストをぼかしてポスターを提示する（何となく制服を着ているような感じがわかる程度にぼかす）。

発問1 「見て見ぬふりもいじめ」ですか。

　いじめだと思えば○，いじめではないと思えば×を書かせる。多くの子どもは，○を選ぶだろう。

　挙手させて人数を確認した後，少数派から理由を発表させる。

　次のような考えが出されるだろう。

【×派】

・実際にいじめているわけではないから，いじめではない。

・見て見ぬふりするしかない場合もあるから，いじめと言われても納得できない。

【○派】

・いじめられている人がいるのに，見て見ぬふりをするということは，その人を見捨てたことになるから。

・見て見ぬふりをすることで，いじめている人がいじめを続けてしまうことになるから。

・見て見ぬふりをしていた人が，いじめに加わることも出てくるから。

　相手に言いたいことがある場合には，議論させる。一段落したところで発問する。

発問2 「見て見ぬふりもいじめです」と, 誰が言っているのでしょうか。

　子どもたちから次のような考えが出される
だろう。
・先生
・いじめをやめさせようとしている人
・地域を見守っている人
・おまわりさん
　考えが出つくしたところで, 警察官のイラ
ストを提示する。

発問3 どうして警察官が「見て見ぬふ
りもいじめです」と言っている
のでしょう。

　全員起立させて, 次の指示をする。
「自分の考えが思い浮かんだら座りましょ
う」
　全員が座ったところで, グループをつくら
せ, 話し合わせる。
　話し合った結果をもとに, グループごとに
発表させる。
　次のような考えが出されるだろう。
・「見て見ぬふり」は, いじめをはびこらせ
　ている原因の一つだから, そのことを強く
　訴えかけるため。
・「見て見ぬふり」によって, いじめが続き,
　ひどいときには命まで奪ってしまうことに
　なるかもしれないから。
　最後に,
「この学級から見て見ぬふりをする人を減
らすにはどうしたらいいでしょうか」
と問いかけて授業を終える。

授業の活用場面

○	A	朝の会・帰りの会
○	B	学年集会・全校朝会
	C	行事の前後
○	D	複数の組み合わせ
○	E	1時間の道徳授業の導入・終末

【授業の流れ】

教材の提示	警察官のイラストをぼかしたポスター
発問1	「見て見ぬふりもいじめ」か?
発表	○か×か
話し合い	全体
発問2	誰が言っているのか?
発表	全体
教材の提示	警察官のイラスト
発問3	どうして警察官が「見て見ぬふりもいじめです」と言っているのか?
話し合い	グループをつくって
発表	グループごと
問いかけ	学級ではどうしたらいいか?

教材発見・活用のコツ

　「見て見ぬふり」がよくないことであるの
は, 子どもたちも十分にわかっていることで
あるが, このポスターでは, 警察官がそのこ
とを言っている点にインパクトがある。
　「見て見ぬふり」が簡単に減るわけではな
いが, このポスターを活用することによって
「見て見ぬふり」がいじめをはびこらせる重
大な行為の一つであることを, 子どもたちに
再認識させたい。

→p.106 コラム 1時間の道徳授業へ 発展

（鈴木健二）

いじめをなくしたい

2. 大切さは同じですか？

ねらい 友達も自分も，大切さは同じであることに気づき，一人一人が大切にされる学級にしようとする意欲を高める。

関連する主な内容項目 C 公正，公平，社会正義

小学校低学年
小学校中学年
小学校高学年
中学校

空欄の言葉は？

看板の「あなた」の言葉を空欄にして提示し，どんな言葉が入るか考えさせる（授業プランの中で使わない「おでかけは」以下の言葉も隠しておく）。

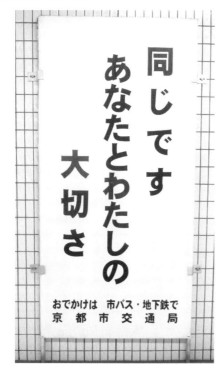

同じです
あなたとわたしの
大切さ

おでかけは 市バス・地下鉄で
京都市交通局

発問1 空欄には，どんな言葉が入ると思いますか。

子どもたちからは，次のような言葉が出されるだろう。

・誰か　　　　・あなた
・みんな　　　・動物
・地球

出された言葉の中から，一番合うと思う言葉を選ばせて挙手させ，「あなた」という言葉との出合いを印象づけるようにする。

本当に同じか？

空欄には，「あなた」という言葉が入ることを知らせ，発問する。

発問2 「あなたとわたしの大切さ」は，本当に同じですか。

同じだと思えば○，同じではないと思えば×を選ばせ，その理由を書かせる。

次のような考えが出されるだろう。

【○派】

・人は誰でも同じくらい大切だから。

・どちらかの方が大切というのはおかしいから。

・人は平等だという言葉を聞いたことがあるから。

【×派】

・いじめられたりして大切にされていない人
　がいるから。

・同じだと思っていても，「わたし」の方を
　大切だと思ってしまうから。

・いろいろな差があるから同じとは言えない。
　出された考えをもとに議論させ，いろい
ろな考え方はあっても，できれば同じ方が
よいという方向にまとめていく。

自分の学級を考える

> 発問3　この学級では，「あなた」と「わ
> たし」の大切さが「同じ」になっ
> ていると思いますか。

　なっているかどうか，次の4段階から選ば
せ，理由を書かせる。

　4　なっている　3　まあまあなっている
　2　あまりなっていない　1　なっていない
　それぞれの理由を数人ずつ発表させる。
　1や2を選んだ子どもからは，次のような
考えが出されるだろう。

・ときどき悪口を言われていやな気持ちに
　なっている人がいる。

・注意しても無視する人がいる。
　発表させた後，発問する。

> 発問4　3や4の人が多い学級と1や
> 2の人が多い学級は，どちらが
> いいですか。

　3や4の人が多い学級がいいと思っている
子どもが多数であることを確認して授業を終
える。

授　業　の　活　用　場　面	
○	A　朝の会・帰りの会
○	B　学年集会・全校朝会
	C　行事の前後
○	D　複数の組み合わせ
○	E　1時間の道徳授業の導入・終末

【授業の流れ】

教材の提示	看板の写真（「あなた」は隠す）
発問1	どんな言葉が入るか？
教材の提示	「あなた」という言葉
発問2	本当に同じか？
話し合い	○か×か
発問3	この学級では，「あなた」と「わたし」の大切さが「同じ」になっているか？
発表	4段階から選ぶ，理由
発問4	3や4の人が多い学級と1や2の人が多い学級は，どちらがいいか？
確認	3や4の人が多い学級

教材発見・活用のコツ

　京都のある駅で見かけた，京都市交通局の
看板である。

　「同じです　あなたとわたしの大切さ」とい
うシンプルな言葉であるが，意味するものは
深い。その意味を子どもたちと一緒に考えて
みたいと思い，つくった授業プランである。

　短い言葉を活用して子どもたちに考えさせ
る場合，その言葉が本当にいいかどうか子ど
もたちに判断させるとよい。教師の価値観を
押しつけるのではなく，子どもたちに価値判
断を迫るのである。

➡ p.106 **コラム** 1時間の道徳授業へ **発展**

（鈴木健二）

いじめをなくしたい

3. わるくちとかげぐち

ねらい わるくちとかげぐちの違いを知り，友達への発言に気を
つけて生活しようという気持ちを育てる。

関連する主な内容項目 A 善悪の判断，自律，自由と責任

| 小学校低学年 |
| 小学校中学年 |
| 小学校高学年 |
| **中学校** |

何をしているのか？

次の絵本の挿絵を提示して発問する。

『ともだち』谷川俊太郎・文，和田誠・絵（玉川大学出版部）

発問1 この2人は何をしているのでしょうか。

次のような考えが出されるだろう。
・話をしている
・誰かの悪口を言っている
・遊ぶ約束をしている

考えが出されたところで「これは，ある絵本の挿絵です。横にある文章に，ヒントがあります」と言って，文章を提示し，全員に音読させる。

> わるくちは　いったっていい，でも
> かげぐちを　いうのは　よくないな。
> （前掲書より）

これはどちらになるのか？

挿絵と文章を並べて提示したところで，発問する。

発問2 2人が言っているのは，どちらでしょうか。

・こそこそ言っているからかげぐち。
・相手がいないところで言っているからかげぐち。

出された考えと挿絵を活用して，
「"その人のいないところで，悪口を言うこと"が"かげぐち"である」ということを確認して発問する。

発問3 なぜ，「わるくち」はよくて，「かげぐち」はよくないと言っているのでしょうか。

・わるくちは，その人の前で言うことだから，かげぐちよりいい。
・かげぐちは，本人に聞こえない。言われた人が気持ちよくない。
・言いたいことは本人にちゃんと言うべきだ。

この絵本が伝えたいことは，「わるくちが

いい」ということではない。そこを押さえる
ために，少し挑発的に発問する。

発問4 「わるくち」なら言っていいということですね。

少し，挑発気味にたずねる。子どもたちから，次のような考えが出されるだろう。
・そういうわけではなくて，どちらもだめだが，かげぐちはもっといけないということを言っている。
・かげぐちを言うぐらいなら，本人に言おうということを言っている。
　子どもたちの意見をもとに，絵本が伝えたかったことに気づかせていきたい。

自分はどちらを言っているか？

最後に次の発問をする。

発問5 この学級で，「わるくち」と「かげぐち」どちらが多いですか。

どちらが多いと思うかを選ばせて，理由を書かせる。
「かげぐち」が多いと考える子どもが多いだろう。数名を指名して理由を発表させる。次のような考えが出されるだろう。
・本人がいないところでつい言ってしまう。
・本人に言うと，けんかになってしまうかもしれないから。
　最後に「"かげぐち"をへらす方法があるでしょうか」と問いかけて授業を終える。
　授業の後は，学級通信などで，子どもたちの考えたことを紹介して，よい考え方を学級全体に広げていく。

授 業 の 活 用 場 面	
○	A　朝の会・帰りの会
○	B　学年集会・全校朝会
	C　行事の前後
○	D　複数の組み合わせ
○	E　1時間の道徳授業の導入・終末

【授業の流れ】

教材の提示	絵本の挿絵
発問1	2人は何をしているか？
教材の提示	絵本の言葉
発問2	2人が言っているのはどちらか？
話し合い	全体
発問3	なぜ，「わるくち」はよくて，「かげぐち」はよくないと言っているのか？
話し合い	全体
発問4	「わるくち」なら言っていいのか？
話し合い	全体
発問5	この学級で「わるくち」と「かげぐち」どちらが多いか？
発表	多い方を選ぶ，理由
問いかけ	「かげぐち」をへらす方法はあるか？

教材発見・活用のコツ

この授業では，『ともだち』（谷川俊太郎・文，和田誠・絵／玉川大学出版部）の中の一見開きを素材としている。
この絵本には，「ともだち」について考えさせることができる一見開きになっている挿絵，文章がたくさんある。この絵本から，いろいろな小さな道徳授業プランを作成することができ，おすすめの素材である。

→p.106 コラム 1時間の道徳授業へ 発展

（船木浩平）

いじめをなくしたい

4. 言える勇気と聞く勇気

ねらい よくない行為をなくしていくには，「言える勇気」「聞く勇気」の両方が必要であることに気づく。

小学校低学年
小学校中学年
小学校高学年
中学校

関連する主な内容項目 C 公正，公平，社会正義

どんな勇気？

授業開始と同時に，次の看板の写真を「言える」と「聞く」を空欄にして提示する。

第58回
社会を明るくする運動
主唱・法務省

「いけないよ」言える勇気と聞く勇気

主催 中津地区実施委員会

社会を明るくする運動（法務省）

発問1 2つの空欄にはどんな言葉が書いてあると思いますか。

「社会を明るくする運動」「いけないよ」な

どという言葉をもとに，次のような考えが出されるだろう。

・注意する
・止める
・やめさせる

いくつか出たところで，「言える」だけ提示し，もう一つの言葉への興味を高める。何か思いついた子どもがいれば発表させた後，「聞く」を提示する。

標語の意味は？

標語「『いけないよ』言える勇気と聞く勇気」を音読させた後，発問する。

発問2 あなたは，この標語の意味が説明できますか。

できそうなら○，難しいなら×を選ばせる。できそうという子どもは少ないだろう。そこで，次のようなイラストを提示すると，説明できそうという子どもが少し増えるだろう。何人かを指名して説明させる。

104

次のような考えが出されるだろう。

> 「言える勇気」というのは，誰かにい
> やなことをしている人に，「いけないよ」
> ときっぱり「言える勇気」のことで，
> 「聞く勇気」というのは，誰かに「いけ
> ないよ」と言われたときに，素直に聞い
> てやめる勇気のこと。

どちらが難しい？

標語の意味が理解できたところで，次の発
問をする。

> 発問3 「言える勇気」と「聞く勇気」
> はどちらが難しいですか。

どちらかを選ばせて理由を書かせる。
となり同士で話し合わせた後，もう一度自
分の考えを整理して発表させる。

【言える勇気】
・いやなことをしている人を見ても，簡単に
　は注意できないから。
・注意すると文句を言われたりするから。

【聞く勇気】
・注意されても，またやってしまう人がいる
　から。
・注意されると，怒ってもっとひどくなる人
　がいるから。

最後に次の発問をする。

> 発問4 あなたはこれからどちらの勇
> 気を出せるようにしていきた
> いですか。

目をつぶらせてしばらく考えさせ，授業
を終える。

授業の活用場面	
○	A　朝の会・帰りの会
○	B　学年集会・全校朝会
	C　行事の前後
○	D　複数の組み合わせ
○	E　1時間の道徳授業の導入・終末

【授業の流れ】

教材の提示	2つの言葉を空欄にした看板の写真
発問1	2つの空欄にはどんな言葉が書いてあるか？
教材の提示	2つの言葉
発問2	この標語の意味が説明できるか？
話し合い	全体
発問3	「言える勇気」と「聞く勇気」はどちらが難しいか？
話し合い	ペア→全体
発問4	どちらの勇気を出せるようにしていきたいか？

教材発見・活用のコツ

大分県中津市の公民館で発見した看板であ
る。「言える勇気」と「聞く勇気」という両
面から勇気を考えさせているところがおもし
ろいと思った。

「言える勇気」も「聞く勇気」もそう簡単
に出せる勇気ではない。しかしこの2つの勇
気が出てこそ，人間関係はよくなっていく。
そこで，どちらが難しいかを考えさせること
によって，2つの勇気に対する認識を深めさ
せるようにしたい。

「いけないよ」という言葉も口調によって
相手の受け止め方が変わってくる。一方的に
攻めるのではなく，学級の友達として，よく
ない行為をやめてほしいという願いを込めて
言えるようにしていくとよい。

→p.106 コラム 1時間の道徳授業へ 発展

（鈴木健二）

第7章 いじめをなくしたい

コラム❻ 小さな道徳授業から1時間の道徳授業へ 発展

1．見て見ぬふりもいじめです ⤴p.98〜99

　1時間の授業に発展させる場合には，いじめの傍観者のデータ等を提示して，学年が上がるにつれて傍観者が増えること，外国と比較して日本は傍観者が多いことなどに気づかせ，「見て見ぬふり」の問題点をしっかり把握させるとよい。

　その後に「この学級から見て見ぬふりをする人をへらすにはどうしたらいいでしょうか」という発問をしてアイデアを出させ，「見て見ぬふりゼロキャンペーン」などを行いたい。

提供：静岡県少年警察ボランティア連絡協議会
写真協力：自然社

2．大切さは同じですか？ ⤴p.100〜101

　1時間の授業に発展させる場合には，次の発問をして，学級がよくなるアイデアを話し合わせるとよい。

　発問5 　3や4の人が増えるようにするには，どうしたらいいでしょうか。

　発問のあと，次のように展開する。

　① 個人で友達を大切にするアイデアを考える。

　② グループでアイデアを出し合い，学んだことを付け加える。

　③ 何人かに発表させてアイデアの良さをほめ，意欲を高める。

3．わるくちとかげぐち ⤴p.102〜103

　時間に余裕があれば，発問4の後に「わるくちとかげぐち，どちらが言いやすいですか」と問いかける。子どもたちは，「かげぐち」が多くなることに気づくだろう。さらに，なぜ「かげぐち」が多くなるかという理由を考えさせ，意識を高めた上で発問5につなげていきたい。

『ともだち』谷川俊太郎・文，
和田誠・絵（玉川大学出版部）

4．言える勇気と聞く勇気 ⤴p.104〜105

　1時間の道徳授業に発展させるとしたら，発問4の後，次のように展開する。

　① どちらの勇気を出せるようにしていきたいかを選ばせて，理由を書かせる。

　② 理由が書けたところで，どちらを選んだか挙手で確認する。

　③ それぞれの理由について，グループで交流させる。

　④ グループで学んだことを書かせた後，何名かに発表させ，今後の言動の変容につながるようにする。

第8章

環境を大切にする

環境を大切にする

1. クジラのおなかから……

ねらい 海のプラごみの問題の深刻さに気づき，解決するために
自分にできることを始めようとする意識を高める。

関連する主な内容項目 D 自然愛護

小学校低学年
小学校中学年
小学校高学年
中学校

クジラのおなかから

　「こんな題名の本を見つけました」と言って題名を次のように提示し，空欄の言葉を予想させる。

　　　クジラのおなかから ▭

　次のような考えが出されるだろう。

・魚がいっぱい出てきた。

・ごみが見つかった。

・助かった人がいる。

　いろいろな予想が出されたところで，表紙（本の帯は見せない）をプラスチックという言葉を隠して提示する。クジラから吐き出されているモノのイラストから，次のような考えが出されるだろう。

・海に浮かんでいるごみ

・海に捨てられたごみ

　考えが出つくしたところで「プラスチック」という言葉が入ることを知らせ，発問する。

発問1 クジラのおなかからプラスチックが出てくると，何か困ることがあるのでしょうか。

『クジラのおなかからプラスチック』保坂直紀 著(旬報社)

　あると思えば○，ないと思えば×を選ばせ，理由を書かせる。

　ほとんどの子どもは○を選び，次のような理由が出されるだろう。

・プラスチックごみを飲み込んだクジラは死んでしまうかもしれない。

・クジラのおなかにプラスチックがたくさん飲み込まれているということは，海が汚されているということだから困る。

・クジラ以外の海の生き物もプラスチックごみを飲み込んでいるとしたら，私たちが食べる魚も安全ではなくなる。

　考えが出されたところで，本の帯を提示し，「本の帯の一部には，こう書かれています」と言って範読する。

> まったなし！ 海のプラごみ汚染
> このままでは２０５０年に海の魚の重量を上回るともいわれるプラスチックごみ。

海のプラごみ汚染の解決

目をつぶらせて次のように言う。

「海の魚の重量よりもたくさんのプラごみが漂っている海を想像してみましょう」

しばらく想像させたあと，「そんな海になってしまってもいいですか」と言って発問する。

[発問2] **解決する方法があるのでしょうか。**

あると思えば○，ないと思えば×を選ばせ，理由を書かせる。

ほとんどの子どもは，あるを選ぶだろう。

ないという子どもがいれば，先に理由を発表させる。あると考える子どもからは，次のような方法が出されるだろう。

・プラスチックごみをきちんと捨てるようにすれば海に流れないようになる。

・レジ袋が有料になったので，エコバッグを使う人を増やしていけばよい。

・プラスチックを使わない商品も増えているから，もっと増やしていけばよい。

それぞれの考えを受け止めたあと，「この本には，こんなことが書いてありました」と言って次の方法を紹介し授業を終える。

> ① 市や町で決められた方法でプラスチックごみをきちんと処理する。
> ② ペットマークやプラマークに気をつけてリサイクルする。
> ③ 川や海をきれいにする活動をする。

授 業 の 活 用 場 面	
○	A　朝の会・帰りの会
○	B　学年集会・全校朝会
	C　行事の前後
○	D　複数の組み合わせ
○	E　１時間の道徳授業の導入・終末

【授業の流れ】

教材の提示	本の題名（「プラスチック」は隠す）
発表	全体
教材の提示	表紙（本の帯と「プラスチック」は隠す）
発表	全体
発問１	クジラのおなかからプラスチックが出てくると，何か困ることがあるか？
話し合い	○か×かを選んで議論
教材の提示	本の帯の言葉
発問２	解決する方法があるか？
話し合い	○か×かを選んで議論

教材発見・活用のコツ

書店で目にした本であるが，書名とイラストのインパクトに惹かれて教材化したいと考えた。

書名に興味をもたせたあと，イラストで考えさせ，本の帯の言葉で，海のプラごみ問題を具体的にとらえさせるという構成にした。ここでは，行動への意識を高めるために，本の内容を活用して，自分たちにできそうなことを簡単に伝えるようにした。

環境問題についての取り組みは，家庭も巻き込んだ方が効果的である。そのためには，授業での学びを子どもたちから家庭に伝えるようにしたい。その際，学級通信も活用するとさらに効果が高まる。

➡ p.118 コラム 1 時間の道徳授業へ 発展

（鈴木健二）

2. 資源を大切にしよう

ねらい 身の回りの環境保護の工夫に対する興味・関心を高め、環境を大切にしようとする気持ちを育てる。

関連する主な内容項目 D 自然愛護

小学校低学年
小学校中学年
小学校高学年
中学校

リキップってなに？

授業開始と同時に、次のイラストを提示する。

© 2020 名鉄協商株式会社

発問1 何のイラストでしょうか。

これだけでは、なかなかわからない子どもが多いだろう。そこで、次のように言う。「これは駅のトイレで発見したイラストです」

駅というヒントから、「リキップ」は切符に関係あるのではないかと考える子どもが出てくるだろう。トイレというヒントから、切符を忘れないように呼びかけているのかもなどという考えも出されるだろう。

リキップの謎を解く

考えが出つくした後、トイレットペーパーの全体像の写真を提示する。切符と関係のあるトイレットペーパーではないかという

© 2020 名鉄協商株式会社

考えが出されたところで、裏側の説明の写真を提示し、発問する。

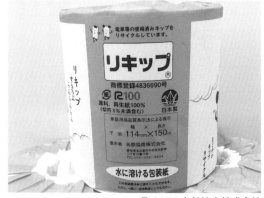

© 2020 名鉄協商株式会社

発問2 このトイレットペーパーのすごさをいくつ発見できるでしょうか。

次のような発見が出されるだろう。
・切符をリサイクルしてトイレットペーパーを作っている。
・水に溶ける包装紙だからごみが出ない。
・切符もリサイクルできることをアピールして，環境を大切にしようと呼びかけている。

身の回りにある「環境を守る工夫」は？

子どもの発言を受けて発問する。

> 発問3 あなたの身の回りには，環境を守る工夫があるでしょうか。

次のような工夫が出されるだろう。
・家庭から出るごみを分別して，リサイクルできるようにしている。
・近くのお店で資源ごみの回収をしている。

いろいろな工夫が出されたところで，「こんなトイレを発見しました」と言って，次の言葉を提示する。

> 「普通に使うだけ！」で
> 環境に優しいトイレです。

どんなトイレだろうという興味関心を高めたところで次の写真を提示して，どんな工夫なのか読み取らせる。

「普通に使うだけ！」で
環境に優しいトイレです。
①大洗浄4.8L 小洗浄3.6L の超節水便器
②ボタンを押すたびに発電「エコリモコン」
カチッ！ ボタンを押すと発電し，その電力でリモコンが作動。乾電池交換も不要です！
国立大学法人 愛知教育大学

身の回りにある「環境を守る工夫」をもっと発見してみたいという意欲を高めて，授業を終える。

授 業 の 活 用 場 面	
○	A 朝の会・帰りの会
○	B 学年集会・全校朝会
	C 行事の前後
○	D 複数の組み合わせ
	E 1時間の道徳授業の導入・終末

【授業の流れ】

教材の提示	リキップのイラスト
発問1	何のイラストか？
教材の提示	リキップの説明
発問2	トイレットペーパーのすごさをいくつ発見できるか？
話し合い	全体
発問3	身の回りに環境を守る工夫があるか？
教材の提示	環境に優しいトイレ

教材発見・活用のコツ

この授業で取り上げたのは，ある駅で発見したトイレットペーパーである。

切符をリサイクルし，トイレットペーパーとして活用しているところに意外性がある。

教材化するためには，できるだけいろいろな角度から，素材の写真を撮っておくとよい。この素材の場合には，「トイレットペーパーの全体像」「トイレットペーパーのコンセプト（包み紙の裏側）」「イラストのアップ」などを撮っている。こうすることによって，授業プランを構成するときの幅が広がる。

さらに子どもたちの環境に対する意識を高めるために，環境に配慮したさまざまに工夫された事例を収集しておくと，メインの教材と関連づけて活用することができる。

授業後，環境を大切にした取り組みを発見した子どもがいたら，全体の前で発表させ，環境に対する意識を持続させる。

➡ p.118 コラム 1時間の道徳授業へ 発展

（鈴木健二）

環境を大切にする

3. 自分のゴミに責任をもとう

ねらい 行動を振り返らせ,「自分のゴミに責任をもっている」
と胸をはって言えるようにしたいという意識を高める。

小学校低学年
小学校中学年
小学校高学年
中学校

関連する主な内容項目 C 勤労, 公共の精神
（中学は, 社会参画, 公共の精神）

投稿の内容は？

自分のゴミ 責任持とう

会社員 カラク・カク 47
（埼玉県吉川市）

　海外から友人や仕事関係者を迎え、日本を案内すると、多くの人が街の清潔さに驚きます。路地裏にもゴミがないことに感心する一方で、街にゴミ箱があまり見当たらないことを不思議がります。
　米サンフランシスコから来日して15年以上がたちます。長く日本で暮らして印象深いのは、「自分の出したゴミに責任を持ち、家に持ち帰る」という考え方です。
　海外を旅行すると、ゴミ箱があふれている光景をよく見かけます。街をきれいに保つには、一人一人が自分のゴミに責任を持つという意識を、社会全体で育てることが、ゴミ箱を増やすよりも重要なのでしょう。東京五輪・パラリンピックが近づいてきました。日本人のゴミに対する意識の高さを知ってもらう、良い機会だと思います。

読売新聞 2020年2月12日付

　授業開始と同時に,「日本に住んでいる外国の人がある新聞に意見を投稿していました」と言って, 投稿のタイトルと投稿者の名前を提示する。
　「カラク・カクさんは, サンフランシスコから日本にやってきて15年以上経つそうです」と投稿者を簡単に紹介した後, 発問する。

発問1 カラクさんは, どんなことを書いていると思いますか。

　多くの子どもは, 日本人のゴミに対する意識の低さについて書いたのではないかと考え, 次のような予想を出すだろう。
・ゴミのポイ捨てをやめてほしい。
・花火などのイベントで出したゴミは自分で持って帰ってほしい。
・ゴミの分別をしっかりやってほしい。
・資源ゴミを大切にしてほしい。
　ここで1段落目を黙って提示する。
　子どもたちは自分の予想とのずれに驚くだろう。
　しばらく間をおいて, 1段落ずつ提示して読ませていく。

胸をはれるか？

　少し間をおいて発問する。

発問2 あなたは,「自分のゴミに責任をもっている」と胸を張って言えますか。

　言えるか言えないかを4段階で選ばせる。挙手で人数を確認した後, ペア（またはグ

112

ループ）で選んだ理由を交流させる。

　何名かを指名して，交流して考えたことを発表させる。

・ポイ捨てをしたことがないという話を聞いて驚いた。

・自分の出したゴミじゃないゴミも拾っている人がいるので，すごいと思った。

・いい加減に捨ててしまっていることがあるので反省した。

・自分の部屋にゴミが散らかっていることを恥ずかしく思った。

　発表させた後，発問する。

［発問3］ 「自分のゴミに責任をもっている」と胸を張って言えるようになるためにできそうなことは何ですか。

　1人で3つ以上考えさせた後，グループで交流させ，「できそうなことベスト3」を選ばせる。話し合いの結果はホワイトボードに書かせて黒板に張らせる。

　次のような考えが出されるだろう。

・自分の家でもゴミをきちんと始末する。

・ポイ捨てをしない。

・分別して捨てる。

・町などのゴミ箱がいっぱいだったら無理に入れないで持ち帰る。

・教室に落ちているゴミがあったらすぐ拾う。

・消しゴムのカスを机から払い落とさない。

・公園に落ちているゴミを持って帰る。

・家の前の歩道を掃除する。

　黒板に張られた「できそうなこと」の中から，自分が特に意識したいことを選ばせて授業を終える。

授 業 の 活 用 場 面	
○	A　朝の会・帰りの会
○	B　学年集会・全校朝会
○	C　行事の前後
○	D　複数の組み合わせ
	E　1時間の道徳授業の導入・終末

【授業の流れ】

教材の提示	投稿のタイトルと投稿者名
発問1	カラクさんは，どんなことを書いているか？
教材の提示	1段落ずつ提示
発問2	あなたは，「自分のゴミに責任を持っている」と胸を張って言えるか？
話し合い	ペア（グループ）→全体
発問3	「自分のゴミに責任をもっている」と胸を張って言えるようになるためにできそうなことは何か？
話し合い	グループ→全体

教材発見・活用のコツ

　この投稿のおもしろさは，次の2点である。

① 投稿者がサンフランシスコから来日して15年以上日本に住んでいる外国人であること

② 題名だけでは日本人のゴミに対する行動の批判が書いてあるのかと思うが，日本の街の清潔さを称賛している内容であること

　この2つの要素をうまく活用して授業を構成することにより，投稿内容を印象づけたい。そしてこの投稿に対して自分たちはどうなのかを問いかけることによってゴミに対する行動の変容を促したい。

　授業後は，自分のゴミに責任をもって行動している子どもを発見して伝え，定着を図りたい。

➡p.118 コラム 1時間の道徳授業へ 発展

（鈴木健二）

環境を大切にする

4. 机は何歳?

ねらい 机を大事に使っている人たちのことを知り，自分も物を
大事に使おうとする気持ちをもたせる。

小学校低学年
小学校中学年
小学校高学年
中学校

関連する主な内容項目 A 節度，節制

自分の机は何歳?

　小学生が使う学習机の写真を見せて，「こんな机を見たことあるよね。みんなの使っている机もこんな感じですか」とたずねる。

　「自分の机も同じです」等の感想が出されるだろう。この後，次のように問う。

発問1 みんなの机は何歳ですか。

　「机に歳があるのですか」と質問が来るかもしれない。その場合は「机を使っている年数のことだよ」と答えておく。

　3・4年生の子どもなら「3歳」「4歳」などの答えや，兄弟のお下がりなら「10歳」「15歳」等の答えも返ってくるだろう。

53歳の机ってあるの?

　黒板に大きく，

> 53 さいのつくえ

と書く。子どもたちは驚くだろう。

　「そんな机があるの」「53歳はずいぶん古い机だな」「ぼくたちが使っている机より，ずいぶん年をとってるな」などの反応が返ってくるだろう。そこで，発問する。

発問2 53歳の机ってあるのでしょうか。

　あると思えば○，ないと思えば×を書かせる。人数を確認して，簡単に理由を聞く。

　次のような理由が出されるだろう。

【○派】

・おじいちゃんやおばあちゃんからお下がりになった机なら53歳になっているから。

・木の机は長持ちするので，何十年経っても使っていると思うから。

【×派】

・53歳なら53年間使っているということなので，すでにボロボロになっていて使えなくなっているから。

・そんなに長く使っている机は見たことがないから。

　ここが一番盛り上がるところなので，一つ一つの意見をおもしろがり，つなげていくことで「本当はどうなのだろう?」という好奇心をかきたてる。

新聞投書を読む

　「実は53歳の机はあります」と言って，次の新聞の投書を読む。

53 さいのつくえ
　　　　　　　　　妻南小2年　ゆげゆずき
　学校から家に帰ると大切なつくえがまって
います。わたしが，1年生になる時にやって
きました。
　このつくえは，お母さんが小学生の時から，
つかっていたつくえです。それを，ゆずりう
けました。
　そのお母さんも小学1年生の時に，近じょ
のお兄さんから，ゆずりうけました。
　このつくえは考えてみると，53 さいくらい
です。
　この話を聞いてすごいことだと思いました。
ものを大切にすることをまなびました。毎週
休みの日には，きれいにします。つくえを大
切につかって，

```
┌──────────────────────────────┐
│                              │
└──────────────────────────────┘
```

宮崎日日新聞「若い目」2018年2月4日付

最後を空欄にしておき，次のように問う。

[発問3] ゆげさんは，最後に「つくえを
　　　　 大切につかって」どうしたいと
　　　　 書いていると思いますか。

・こわれるまで大事にしていく。
・今度は 100 歳にしてあげる。
・自分の子どもにも使わせたい。
　考えが出つくしたところで，「実はこう書
いています」と言って，正解を提示する。

｜つぎは自分の子どもにゆずりたいです。｜

　最後に次の発問をする。

[発問4] ゆげさんから学んだことで，自
　　　　 分に生かしていきたいことは
　　　　 何ですか。

　自分に生かしていきたいことを書かせて，
授業を終える。

授 業 の 活 用 場 面

○	A	朝の会・帰りの会
○	B	学年集会・全校朝会
	C	行事の前後
○	D	複数の組み合わせ
	E	1時間の道徳授業の導入・終末

【授業の流れ】

教材の提示	小学生用の学習机の写真
発問1	みんなの机は何歳か？
話し合い	全体
発問2	53 歳の机はあるか？
話し合い	○か×か
教材の提示	最後を空欄にした投書
発問3	何と書いているか？
話し合い	全体
教材の提示	空欄に入る言葉
発問4	生かしていきたいことは何か？
書く	自分の考え

教材発見・活用のコツ

　新聞で見つけた投書を，教材化した。
　2年生の作文とは思えないほど，しっかり
した考えが記述されている。冒頭「家に帰る
と大切なつくえがまっています」を読むだけ
で，この子の机を大事にする気持ちが伝わっ
てくる。「物を大切にした証」が「物の年齢」
に例えられているところもすばらしい。道徳
授業にふさわしい素材だと感じた。
　冒頭の文で「家に帰って何が待っているで
しょう」という問いかけから始めるのもおも
しろい。「家で待っているもの＝人や動物」
の範囲でしか想像しないはずだ。そこで，「机
です」と伝えれば，導入のつかみはばっちり
である。好奇心を高めておくことで，地味な
ネタでも子どもの心をつかむことができる。

→p.118 [コラム] 1時間の道徳授業へ [発展]

　　　　　　　　　　　　　　　（内山田博文）

環境を大切にする

5. 特別な日

ねらい	鶏肉になるニワトリがどのように飼育されていたかを知り，命をいただいて生きているという意識を高める。

関連する主な内容項目　D　生命の尊さ

小学校低学年
小学校中学年
小学校高学年
中学校

何の写真か？

　授業開始と同時に，次の写真を提示し発問する。

発問1　何が写っているのでしょうか？

　よくわからないという子が多ければ，見えているものをたずねる。次のような考えが出されるだろう。

・白いものがたくさん写っている
・ニワトリみたい
・屋根がある
・柵みたいなものが手前にある
・とても長い建物だ

　考えが出されたところで，
「白いのは，すべてニワトリです」
と言う。ニワトリの数の多さに驚く子どもも

いるだろう。

どんな日か？

　子どもたちの反応が落ち着いたところで，次の発問をする。

発問2　「はてな」と思ったことはありませんか。

　次のような「はてな」が出されるだろう。
・ずっとここにいるのかな。
・どうしてこんなにぎゅうぎゅうづめのところにいるのかな。
・どのくらいの数がいるのかな。
・鶏肉にするニワトリかな。

　子どもたちの「はてな」をもとに，多くのニワトリがぎゅうぎゅうづめの状態で鶏舎にいることを理解させていく。
　写真への関心が高まったところで，
「この写真は，知り合いの家に遊びに行ったときに撮りました。その知り合いの人が育てているニワトリたちです。実は，この日は特別な日だったのです」
と話をして，次の発問をする。

発問3 特別な日とは，どんな日だと思いますか。

意見がある子に発言させた後，次のような話をする。

「このニワトリたちは，私たちが食べる鶏肉になる日だったのです。産まれて約50日間ずっとこの空間で生活していました。トイレはもちろんありません。この日の数日後には，スーパーに商品として並んでいるのです」

話の後に，スーパーの肉売り場にある鶏肉のパックを提示すると，全員がイメージできるだろう。

命をいただく

状況を理解させたところで，発問する。

発問4 あなたは，このニワトリたちに何と言ってあげたいですか。

次のような考えが出されるだろう。
・食べられるために生まれてきてくれてありがとう。
・50日しか生きることができなかったんだね。
・ちゃんと食べるね。
・トイレもないところで生活していたなんて知らなかった。残さず食べるね。
など，自分たちができることは，「残さず食べること」のような発言が出されるであろう。

子どもたちの意見を共感的に受け止めながら聞くことで，「私たちは命をいただいている」という意識を高めさせたい。

最後に感想を書かせて授業を終える。感想は通信などで紹介し，家庭でも命をいただくことの意味を考えさせていきたい。

授 業 の 活 用 場 面	
○	A　朝の会・帰りの会
○	B　学年集会・全校朝会
○	C　行事の前後
○	D　複数の組み合わせ
	E　1時間の道徳授業の導入・終末

【授業の流れ】

教材の提示	鶏舎の写真
発問1	何が写っているか？
発問2	「はてな」と思ったことは何か？
話し合い	全体
発問3	特別な日とは，どんな日だと思うか？
説明	50日間，ここで育ち，鶏肉になる日
発問4	ニワトリたちに何と言ってあげたいか？
書く	感想

教材発見・活用のコツ

近所の鶏舎の様子を教材化したものである。普段は部外者は立ち入れないが，出荷前ということで特別に見せてもらった。

担任の偶然の経験を伝えることができるのも，小さな道徳の授業の魅力である。

偶然の経験を残すためにも，デジタルカメラは常に持ち歩くようにしている。

時間があれば，発問4の後に，給食残飯の問題や食品ロス削減などの取り組みを紹介し，食べ残しが多いという実態を知らせて，自分事として考えないといけないという実感をさらに高めていきたい。

提供：農林水産省食料産業局バイオマス循環資源課食品産業環境対策室

（船木浩平）

第8章 環境を大切にする

コラム⑦ 小さな道徳授業から1時間の道徳授業へ 発展

1. クジラのおなかから……　⤺p.108～109

　1時間の道徳授業に発展させる場合には，本に書かれていた方法を紹介した後，次の発問をする。

> 発問　①②③の方法の中で，「自分はきちんとできている」という自信があるのは，どれですか。

　自信があるという子どもに理由を発表させて，プラスチックごみに対する意識を高める。可能であれば，市町村のごみ処理担当の方をゲストティーチャーとして招いて，話を聞くとよい。

2. 資源を大切にしよう　⤺p.110～111

間伐材を利用した木のストロー

写真提供：株式会社アキュラホーム

　1時間の道徳授業に発展させる場合には，「環境にやさしいトイレ」を紹介したあと，次のような事例を写真で紹介して，どんな工夫なのかを考えさせていく。

　① 木のストロー
　② 食べられる食器

　最後に「自分だったらこんな工夫をしてみたい」というアイデアを話し合わせて授業を終える。

3. 自分のゴミに責任をもとう　⤺p.112～113

　1時間の道徳授業に発展させる場合には，「できそうなこと」を選んだ後に，次のように展開する。

> 発問　自分のゴミに責任をもつ人がたくさんいる学校にしたいですか。

　多くの子どもは，したいと考えるだろう。そこで，次の発問をする。

> 発問　自分のゴミに責任をもつ人を増やすには，どうしたらいいでしょうか。

　グループで増やす作戦を考えさせて授業後の活動につなげていく。

4. 机は何歳？　⤺p.114～115

　この教材なら1時間の道徳授業にも発展可能だ。各自に次のことを考えさせるとよい。
　① 自分が持っている物や，家で使っている物で，一番年齢が高い物は何か。
　② これから大切にしたいと思っている物は何か。

　これらをじっくり考えさせたり，学級全体で発表しあったりすれば，「自分も物を大事に扱おう」という気持ちを高めることができるであろう。

新しい道徳授業づくり研究会（SDK）
ご案内

研究会代表　鈴木健二

研究会の趣旨

研究会では，次の３つの視点で道徳授業づくりに取り組んでいます。

視点1：小さな道徳授業づくり
視点2：教科書教材を生かす道徳授業づくり
視点3：新たに開発した教材を活用した道徳授業づくり

３つの視点の根底にあるのは，認識の変容を促す道徳授業をどうつくるかという問題意識です。認識の変容を促すことができなければ，子どもの言動は変わりません。

「友情とはそういうことだったのか」

「そのような思いやりもあるのか」

このような学びが生まれるような道徳授業づくりに取り組みたい。

本研究会では，上記の考え方に基づき，３つの視点から，さまざまな道徳授業のプランや実践の成果等を発信しています。本書『５分でできる 小さな道徳授業』シリーズもその成果の一つです。

趣旨に賛同する教師の参加に期待します。

研究会の活動

本研究会では，偶数月に１回程，会員と一緒に道徳授業づくりの力量を高めるために『SDK会員特別定例会』を開催しています。定例会は，参加者が持参した道徳の授業記録（またはプラン）をもとに議論し合います。

またネット環境を利用して，会員限定ですが「小さな道徳授業」ゼミを開催しています。

毎年夏には愛知で『SDK全国大会』を開催しています。『SDK全国大会』は，SDK会員だけでなく，一般の方も参加できます。定例会と同様，道徳授業づくりの力量を高めることができます。

興味のある方は，事務局（下記アドレス）までお問い合わせください。

SDKのWebサイト　http://sdk-aichi-since2019.com/

SDK事務局のメールアドレス　sdk.aichi.since2019@gmail.com

[編著者紹介]

鈴木健二（すずき　けんじ）
愛知教育大学
新しい道徳授業づくり研究会（SDK）代表，道徳教科書（教育出版）監修者，
三重県教育委員会道徳教育アドバイザー

宮崎県生まれ。公立小学校教諭，指導主事，校長等を経て，愛知教育大学教職大学院で教鞭を執る。
主な研究分野は，道徳教育，学級経営，学校経営，教科書研究など。
子どもが考えたくなる，実践したくなる道徳授業づくりに定評があり，全国各地の教育委員会や小中
学校に招かれて，講演会やセミナー等を開催している。
主著に，『社会科指導案づくりの上達法』『ノンフィクションの授業』『授業総合診療医　ドクター鈴木
の新人教師の授業診断』（以上，明治図書），『道徳授業をおもしろくする！』（教育出版），『道徳授業
づくり上達 10 の技法』『教師力を高める』『必ず成功する！新展開の道徳授業』『思考のスイッチを
入れる　授業の基礎・基本』『新しい道徳授業の基礎・基本』『中学校道徳 ワンランク上の教科書活
用術』『学級づくりは教育哲学で決まる』『5 分でできる小さな道徳授業』シリーズ（以上，日本標準）
など。そのほか多数。
メールアドレス：kenchan4172@gmail.com

[執筆者一覧]（五十音順）

岩切博文　　　宮崎県宮崎市立宮崎南小学校
内山田博文　　宮崎県えびの市立飯野小学校
倉爪浩二　　　元小学校教諭
塩塚元啓　　　宮崎県三股町立三股西小学校
下石暢彦　　　宮崎県都城市立明和小学校
船木浩平　　　宮崎県総合政策部人権同和対策課

（所属は 2024 年 9 月現在）

学級経営に生きる
5分でできる 小さな道徳授業 1

2021年 3月30日　第1刷発行
2024年10月10日　第3刷発行

編　著　者　　鈴木健二
発　行　者　　河野晋三
発　行　所　　株式会社 日本標準
　　　　　　　〒350-1221　埼玉県日高市下大谷沢91-5
　　　　　　　電話　04-2935-4671
　　　　　　　FAX　050-3737-8750
　　　　　　　URL https://www.nipponhyojun.co.jp/
印刷・製本　　株式会社 リーブルテック